i

교실 멀트리트먼트

초판 1쇄 발행 2022년 11월 25일

지은이 / 가와카미 야스노리
옮긴이 / 허정숙
일러스트 / Tokuhiro Kanoh

발행 / 케렌시아
인쇄 / (주)다해씨앤피
일원화 구입처 / 031-407-6368 (주)태양서적
등록 / 2021년 11월 18일 (제386-2021-000096호)
이메일 / niceheo76@gmail.com

ISBN 979-11-976811-4-1 (03370)

값은 표지에 있습니다.

Classroom Maltreatment by Yasunori Kawakami
Copyright ⓒ Yasunori Kawakami, 2022
All rights reserved.
First published in Japan by Toyokan Publishing Co., Ltd., Tokyo
This Korean edition published by arrangement with Toyokan Publishing Co., Ltd., Tokyo
in care of Tuttle-Mori Agency, Inc., Tokyo, through Amo Agency, Korea.

교실 멀트리트먼트

CLASSROOM MALTREATMENT

교육이라는 이름으로 아이들에게 주는 상처

가와카미 야스노리 지음 · 허정숙 옮김

케렌시아

가장 좋은 교사란 아이들과 같이 웃는 교사이다.
가장 좋지 못한 교사란 아이들을 우습게 보는 교사이다.

—

알렉산더 서더랜드 니일(A. S. Neill)

교실 속 교사의 삶을 돌아보게 하는 책

해가 갈수록 아이를 키우고 가르치는 일이 어려워집니다. 당당하게 '노키즈 존'이라 써놓고 장사하는 가게가 늘어난 만큼 부모가 아이를 데려갈 곳은 줄어들고, 낮아진 출산율만큼 자녀를 키우는 어려움을 이해해주는 이웃은 사라지고 있으며, 아이를 키우며 겪는 고민을 털어놓고 해답을 구할 전문가를 만나기 어려운 만큼 쉽게 돌봄 소진에 빠지는 것 같습니다. 자녀를 키우는 다른 부모들과 교류하지 않거나, 지나치게 문제가 많은 자녀를 양육하거나, 집안일 이외에 가족으로부터 다른 관심을 받지 못하면 무관심해지거나 지나치게 함부로 대할 가능성이 커지겠죠.

교사들 역시 부모들이 처한 상황과 다르지 않습니다. 두꺼워진 현장체험학습 매뉴얼과 안전사고에 대한 과도한 책임을 묻는 현실은 아이들을 데리고 체험학습을 가지 말라는 사회적 신호로 교사들은 해석합니다. 걸러지지 않는 악성 민원에 노출된 경험이 쌓일수록 담임을 맡지 않으려 하고, 줄어들지 않는 업무에 시달린 경험이 쌓일수록 책임을 피하기 위한 변명만 늘어납니다. 관심을 갖고 가르친 아이가 진심을 몰라주고 오히려 교사를 배신하는 경험을 할수록 학생에게서 멀어지고 시계만 보면서 퇴근 시간만을 기다립니다. 가르치는 일에 의미를 찾지 못해서가 아닐까 싶습니다.

모든 아이는 가족과 함께하는 시간이 긴 만큼 가족의 영향을 많이 받듯이, 교실에서 지내는 시간이 긴 만큼 교사의 영향을 많이 받습니다. 교사가 학생을 대하는 태도가 곧 학생이 학생을 대하는 태도로 이어지기 쉽다는 뜻입니다. 힘과 위계로 학생을 대하면 아이들 역시 서로를 힘과 위계로 나눌 테고, 가르치는 일에 불성실하다면 배우는 일에도 불성실해질 테니까요.

일본은 아동학대의 범주에 '보호자'만 포함되어 있는 등 우리

나라와 다른 부분이 다소 있지만, 그럼에도 우리나라 교육환경에서 생각해볼 만한 지점이 많습니다. 격려나 칭찬을 하지 않거나, 도움이 필요한 아이에게 적절한 지원을 해주지 않는다거나, 무섭게 하지 않으면 아이들이 말을 듣지 않는다고 생각하거나, 약점을 이용해 위협하는 일 등 잘 드러나지 않거나 무심코 내뱉는 말과 행동의 부적절함을 하나씩 꺼내서 다시 생각해보게 만듭니다.

보다 교육적인 행위는 무엇일까? 아무런 고민이나 질문 없이 자신의 경험이나 동료 교사의 교육행위를 그대로 따라 해도 되는 걸까? 이 질문에 대한 깊은 고민과 스스로 찾은 해답은 무엇인지 저자는 친절하게 설명하고 있습니다.

교육은 사람을 가르치고 길러내는 일입니다. 따라서 사람과 사람이 만나는 그 순간이 쌓이고 쌓여서 교육이 만들어집니다. 모두가 사람이기에 실수나 잘못을 할 때가 있습니다. 실수나 잘못을 알아차리고 나면 보다 나은 방식을 선택하고 실천할 수 있습니다. 이 책은 교실 속 교사의 삶을 돌아보게 합니다. 한 번도 의식해보지 못했던 우리의 말과 행동을 다시 생각해보고 때로는 실수나 잘못을 알아차리게 도와주고, 더 나은 교육 방법은 무엇인지 고민하고 실천하게 만드는 책이 되리라 생각합니다. 언제나 교실에서 아이들을 마주하며 더 나은 교육을 위해 실천하시는 모든 선생님의 노력이 헛되지 않도록 도와주는 책이 될 것입니다.

천경호, 교사
『교사의 삶을 담는 작은 글그릇』, 『교사의 말공부』 저자

아이들 마음에 상처를 주는
'적절하지 않은 지도'

'교실 멀트리트먼트.'

이 책의 제목인 이 말은 내가 만든 말입니다. 교실에서 이루어지는 지도 중 체벌이나 학대같이 위법행위로 인식되는 것은 아니지만, 일상적으로 쉽게 볼 수 있고 알게 모르게 아이들 마음에 상처를 주는 '적절하지 않은 지도'를 의미합니다.

쉬운 예를 들면, 사정을 고려하지 않은 무조건적인 질책, 아이들을 위축시킬 정도의 위압적·고압적인 지도 등이 있습니다. 그러나 이 책에서는 조금 더 깊이 들어가, 칭찬해야 할 때 칭찬하지 않는다거나 아이들에게 얕보이지 않으려는 이유로 웃는 얼굴을 보이지 않는 것도 교실 분위기를 무겁게 만드는 지도로 다루려고 합니다.

더 말하자면, 시험에서 사소한 부분으로 감점을 주거나, 교과서나 공책을 두고 온 아이를 일정 시간 용서하지 않는다거나, 부정적인 면을 지적하는 지도가 알게 모르게 조금씩, 아이들끼리 서로 감시하는 분위기를 만들어버린다는 것도 이야기하고 싶습니다. 이것들은 결코 위법성은 없을지라도, 아이들 마음에 의심이나 찜찜한 기분이 들게 합니다. 또 계속 쌓이다 보면 교사에 대한 불신으로까지 이어질 수 있습니다.

이 책은 위법행위 일보 직전 수준의 '지나친 지도'에서 지금까지는 당연하게 했던 지도 방법이지만, 다시 생각해보면 아이들 마음에 상처가 되는 요소가 있는 지도까지 폭넓게 '교실 멀트리트먼트'라고 정리합니다.

멀트리트먼트라는 개념은 해외에서는 'child maltreatment'라는 표현으로 널리 알려져 있습니다. 일본의 아동학대 방지법에서 정한 내용(신체적 학대, 성적 학대, 방임, 심리적 학대)보다 더 넓은 개념입니다. 아이들의 장래를 생각해서 잘되라고 하는 '훈육'이나 어른들도 전부터 받아왔던 지도라 하더라도, 아이들의 성장에 마이너스라면 허용되지 않습니다. 멀트리트먼트는 아이들의 마음에 트라우마(심적 외상)를 만들어 뇌 일부의 위축이나 비대 등의 변형으로 이어진다는 보고도 있습니다.

보통 멀트리트먼트라는 개념은 양육 등의 가족 단위에서 적용되고 있습니다. 학교는 아동학대를 통보할 의무가 있고, 아이들을 지키는 역할을 합니다. 또한, 교육기관인 학교는 아이들 행동의 수정을 촉진하거나 발달 단계에 따른 사회성을 익히게 하는 역할도 하고 있습니다. 따라서 일본의 아동학대 방지법은 학교를 포함한 교육기관은 그 대상이 되지 않습니다. 그것은 '교육'의 가치를 소중히 하려는 의도가 담긴 것으로 생각됩니다.

그럼에도 내가 멀트리트먼트의 개념에 주목하고, 학교나 교실에서 벌어지는 지도 속에 뿌리 깊은 문제가 있지 않을까 생각하게 된 계기 역시 '현장'에 있었습니다.

어느 학교에서는 강하게 압박하는 지도가 횡행했습니다. 베테랑 교사가 아이들의 행동을 항상 감시하고, 조금이라도 어긋나는 행동을 하면 고함을 치거나 힘으로 행동을 제지하는 것을 반복했습니다. 그런 지도 스타일이 전 학년으로 침투하여 젊은 교사들도 '이렇게 하면, 아이들이 말을 잘 듣는다'는 잘못된 성공 체험을 하고 있었습니다. 아이들 표정에 미소는 없고, 자주 패닉에 빠지거나 학교에 가기를 꺼리는 아이가 속출했습니다. 그렇지만 아이들은 그런 어려움을 좀처럼 하소연할 수 없었습니다. '등교 기피는 부모가 어리광을 받아주기 때문이다'라고 보호자도 책망을 받기 때문입니다. 보호자에게 학교는 내 아이가 인질로 잡힌 곳입니다. 이의를 제기하지 못하고, 시간만 지나갔습니다. 결국, 이제 아이들은 강하게 압박하지 않으면 말을 듣지 않게 되었습니다.

또, 다른 어느 학교에서는 관리자가 초임 교사에게 '아이들이 얕보니까, 웃는 얼굴은 보이지 마라'라고 지도합니다. 그 학교에서는 목소리가 크고 힘이 있는 교사가 '통솔력 있다'고 높이 평가받고, 교무실 분위기를 이끌어갑니다. 웃지 못하게 된 교사는 차가운 얼굴로 칭찬을 하게 되는 딜레마에 빠집니다. 아이들은 마음에 와닿는 게 없어서, 머지않아 학급이 기능하지 않는 상황(이른바 '학급 붕괴')이 됩니다. 초임 교사는 교무실에서 매일같이 책망받고, 곧 정신적인 침체와 신체적 부진에 빠지게 됩니다.

내가 만난 가장 심각한 사례는 패닉 상태가 되면 과거에 교사가 했던 말이 플래시백(flashback) 되고, 그것을 앵무새처럼 반복하는 자폐아였습니다. 원래부터 TV 광고 노래를 곧바로 외우는 '반향언어'의 특성이 있는 아이였기 때문에 인상에 남는 키워드가 기억 한구석에 입력됐을 것입니다. 과거가 플래시백 될 때마다 울부짖으면서 "또 나쁜 짓을 했네" "약속했잖아" "뭐? 잘못했다고?" "이젠 정말~" "최고 학년인데"라는 말을 반복했습니다.

아이들을 이렇게까지 몰아넣는 지도는 이미 교육이라고 할 수 없지 않을까요? 교육이라는 이름으로 아이들의 마음을 망

가뜨리는 행위를 아무렇지 않게 자행하고 있는 것은 아닐까, 이런 자각으로 다시금 교실에서의 교사 행동을 '전제부터 다시 살펴보는' 작업이 필요하지 않을까, 그런 생각에서 지금까지 서술한 것을 포괄적으로 '교실 멀트리트먼트'라는 말을 붙였습니다.

지금의 학교는 '교사도 힘들다'고 공연히 말할 수 있게 되었고, 사회에서도 조금씩 교직을 감정노동으로 받아들이고 있습니다. 이러한 풍조에서 이 책이 학교 현장에 쓸데없는 '바람'을 불러일으킨다, 발칙하다고 생각할지도 모릅니다. 그러나 가장 힘든 것은 아이들입니다. 지금 교실에서 행해지는 지도 하나하나 혹은 교무실에서 일어나는 대화들이 '이게 어쩌면, 교실 멀트리트먼트일지도 몰라'라는 객관적인 관점으로 이어져, **아이들 앞에서 미소와 따스함을 그치지 않는 교사를 늘리는 것**, 이것이 이 책의 목적입니다.

이 책은 다음과 같이 구성되었습니다.

1장 '긴장하는 교실'에서는 구체적으로 무엇이 교실 멀트리트먼트에 해당하는 지도인가를 정리합니다. 학교에서 이뤄지는 지도는 학대와 종이 한 장 차이인 부분이 있습니다. 교실이라는 이른바 밀폐된 공간만의 깊은 뿌리에 주목하면서 교실 멀트리트먼트를 구체적으로 생각해봅니다.

2장 '상처받는 아이들'에서는 지도로 인해서 생길 위험이 있는 '트라우마'와 '플래시백'에 관해 말합니다. 이 책은 멀트리트먼트가 뇌에 미치는 영향에 관한 연구 분야의 일인자인 도모다 아케미(友田明美) 선생의 연구 성과에 큰 영향을 받아 집필을 시작했습니다. 트라우마를 낳지 않는 행위와 트라우마 후의 행위의 유의점에 대해 정리합니다. 학교에서 만들어진 상처는 학교에서만 치유할 수 있습니다. 아이들에게 안도감을 주기 위해 우리 교사들이 어떻게 하면 좋은지 정리합니다.

3장 '압박의 연쇄'에서는 교실 멀트리트먼트가 학교의 조직풍토로 이어지기 쉬운 점에 관해서 살펴봅니다. 교실 멀트리트먼트의 배경에는 교사의 스트레스나 불안이 있습니다. 마음에 여유가 없는 교사는 아무래도 자신의 방법을 고집하고 양보하지 않는 상황에 빠지기 쉽습니다. 이 장에서는 '꼰대 교사'라는 말을 사용하고 있습니다.

4장 '교실 멀트리트먼트의 예방'에서는 예방을 위한 계획을 구체적으로 예시합니다. 그렇다고는 해도 마이너스를 제로로 만드는 것 같은 예방은 아닙니다. 교실 안에서 할 수 있는 긍정적인 관계를 쌓아가는 것으로, 결과적으로 교실 멀트리트먼트를 없앨 수 있는 예방책입니다. 시간이 부족한 분은 이 장만 읽어도 가치가 있을 것입니다.

5장 '교실 멀트리트먼트의 개선'에서는 아이들과 관계에서 자신이 부적절한 행위를 한다는 것을 자각했을 때 스스로 어떻게 수정해야 하는지, 스스로를 어떻게 갱신(업데이트)하면 좋은지에 관해서 서술합니다. 이 책의 목적은 지식 전달이 아니라, 교사의 '체질 개선'에 있습니다. 한번 몸에 물들어버린 것을 개선하는 것이 쉬운 일은 아니지만, 반드시 웃는 얼굴로 아이들 앞에 서게 될 것입니다.

6장 '안전기지로서의 학교'에서는 매리 애인스워스의 안전기지론을 기초로 학교나 교실은 본래 어떤 장소여야만 하는가에 관해서 서술합니다. 안전기지의 역할을 다하는 교사가 늘어나면, 주체적으로 행동할 수 있는 아이도 늘어날 것입니다.

마지막에는 앞서 말한 도모다 아케미 선생과의 대담을 실었습니다. 도모다 선생은 학교 현장이 안고 있는 큰 과제도 시사해주셨습니다. 꼭 이 책의 내용과 대조하면서 읽어주면 좋겠습니다.

*이 책에서는 모든 종류의 학교를 대상으로 하여, 일반 학급·특수학급(특별 지도 포함)·특수학교를 굳이 구분하지 않았습니다. 구체적인 사례의 경우에도 기본적으로 학급의 종류를 한정하지 않습니다. 다만, 부연 설명이 필요하다고 생각되는 경우에만 '특수학교에서는…' 등과 같이 한정하였습니다.

*사례는 본인 및 보호자의 허가·승낙을 받은 것만 사용하였습니다. 또한, 개인정보보호, 연구 윤리의 관점에서 여러 사례 정보를 조합하거나 내용을 일부 변경하는 등 개인이 특정되지 않도록 충분히 배려하였습니다.

차례 ——

1장 · 긴장하는 교실

2장 · 상처받는 아이들

3장 · 압박의 연쇄

6장 · 안전기지로서의 학교

1장

긴장하는 교실

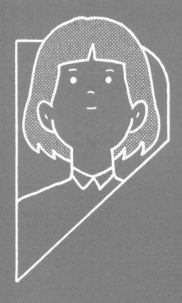

멀트리트먼트란 무엇인가

'멀트리트먼트'라는 말은 서구나 국제사회에서는 넓은 의미의 아동에 대한 부적절한 행위 전체를 의미합니다.

mal(나쁜, 잘못된) + treatment(대우) = maltreatment

'부적절한 양육', '피하고 싶은 관계 방법' 등의 의미로 사용합니다. 세계보건기구(WHO)는 '18세 미만의 아동에게 발생하는 모든 유형의 신체적 · 심리적 · 성적 학대와 방임, 상업적 또는 그 외 착취하는 일, 더 나아가 책임, 신뢰 또는 권력의 관계에서 아이의 심신의 건강 · 발달 · 대인관계 등에 해를 가져오는 일'을 'child maltreatment'라고 정의하고 있습니다. 이것은 일본의 아동학대 개념보다 넓은 의미로, 학대라고 단정할 수는 없지만 아이의 발달을 저해하는 어른들의 행위 전반을 포함합니다.

일본에서 학대라고 하면 '아동학대 방지 등에 관한 법률'(이하 아동학대 방지법)에 의한 4가지 유형으로 구분하는 경우가 많습니다. 아동학대 방지법에서는 신체적 학대, 성적 학대, 방임, 심리적 학대로 분류합니다. 이것은 세계보건기구의 정의에 정확하게 규정되어 있지만, 어디까지나 'child maltreatment' 정의의 전반부인 Abuse(학대) 부분에 한정되어 있습니다. 후반의 '아이의 심신의 건강·발달·대인관계 등에 해를 가져오는' 어른의 행위에 대해서는 거의 언급되지 않습니다. 그렇다면, 후반 부분은 구체적으로 어떤 것을 들 수 있을까요?

일례로서 다음과 같은 사항을 들 수 있습니다.(마스자와, 2019를 참고)

① 일상적인 거부, 애정 박탈

② 가족이나 관계자의 무관심

③ 아이의 능력을 넘는 이른들의 과도한 기대

④ 아이의 미래를 위한 강한 고압적인 지도(일본에서 훈육의 일환이라고 말하는 행위 등도 포함)

⑤ 가족과의 별거나 상실 체험

⑥ 가족의 교도소 수감

⑦ 가족의 알코올중독, 도박중독, 약물중독

⑧ 가족의 정신질환

⑨ 부부간의 폭언 · 폭력 목격('면전 DV'(面前 Domestic Violence)라
고도 한다. 해외에서는 Domestic Abuse(DA)라고 알려졌다. 심리
적 학대의 하나로 인식되기도 한다)

세계보건기구가 제시한 정의 중 전반 부분만 강조된 일본의
아동학대 방지법의 범위와 후반 부분을 포함한 멀트리트먼트의
개념은 사실 두 가지 명확한 차이가 있습니다.

첫 번째는 〔그림 1〕과 같이 원래 멀트리트먼트는 일상 행위의
연속에서 아이의 심신의 건강이나 발달에 바람직하지 않은 영
향을 초래하지 않기 위한 개념이라고 할 수 있습니다. 그러나 일
본의 학대를 파악하는 방법은 중간적 위치에 있는 멀트리트먼
트가 없기 때문에 학대가 '특수적이고, 매우 악질'이라는, 일상
과 동떨어진 행위로 치부됩니다. 이른바 훈육이나 부모 역할의
중요시되는 사회적 배경과도 결합하여 '이것이 학대라고 할 수
있는가?' 하는 애매함만 강조됩니다.

두 번째 차이는 일본의 아동학대 방지법에서는 해당 아동의
보호자 이외의 사람에 의한 행위는 아무리 학대적인 행위라도
법률상으로는 아동학대의 범주에 포함되지 않는다는 것입니다.
이는 아동학대 방지법 제2조에 명확하게 나와 있습니다.

제2조 이 법률에 의해 '아동학대'란, 보호자(친권을 행사하

· 그림 1 ·

멀트리트먼트의 개념

(maltreatment = 부적절한 행위 · 피하고 싶은 관계 방법)

(마스자와, 2019를 참고)

maltreatment

(부적절한 행위 · 양육)

❶ 일상적인 거부 · 애정 박탈

❷ 가족 · 관계자의 무관심

❸ 능력을 넘는 어른들의 과도한 기대

❹ 아이의 미래를 위한 강한 고압적인 지도

❺ 가족과의 별거나 상실 체험

❻ 가족의 교도소 수감

❼ 가족의 알코올의존 · 도박의존 · 약물의존

❽ 가족의 정신질환

❾ 면전 DV(부부간의 폭언 · 폭력 목격)

abuse(학대)

❶ 신체적 학대

❷ 성적 학대

❸ 방임

❹ 심리적 학대

는 자, 미성년후견인, 그 밖에 아동을 실제로 보호·감독하는 자를 말한다. 이하 같다)가 자신이 보호·감독하는 아동(만 18세에 도달하지 아니한 자를 말한다. 이하 같다)에게 하는 다음의 행위를 말한다.

예를 들어, 학교에서의 지도는 일본의 학대의 정의로 말하면 '보호자'가 아니기 때문에 학대에 해당하지 않습니다. 한편, 세계보건기구의 멀트리트먼트 정의의 후반 부분은 기본적으로는 부모 자녀 관계의 양육에서 사용되는 개념이지만, 그것에만 국한된 것이 아니라 '책임, 신뢰 또는 권력의 관계에 따라서'라고 되어 있듯이, 해당 아동의 양육에 관련된 '어른 전체'가 대상으로 포함되어 있습니다.

'조용하고 얌전한 교실'의 이면

앞서 말한 것처럼, 멀트리트먼트는 기본적으로 부모 자녀 관계의 양육에서 다뤄지는 개념입니다. 그러나 부적절한 관계 방식이나 원칙적으로 해서는 안 되는 지도라는 관점에서 본다면 교사와 보육사, 지도자 등 학교나 유치원, 보육원, 어린이집 등에서 아이의 교육을 담당하는 우리 교육관계자야말로 항상 조심해야 하는 개념이라고 생각합니다.

교실에서 '지도'라는 이름 아래 아이에게 상처를 주는 행위가 알게 모르게 일어나고 있는 것은 아닐까요? 예를 들어, 교실에서 다음과 같은 지도나 아이들의 반응을 본 적은 없습니까?

- 강한 질책, 징계, 억압 등으로 지도한다.
- 잘하지 못하면 서로 보고하도록 교실을 감시 사회화한다.
- 대부분 아이가 고압적인 교사를 조용히 따른다.
- 주로 교사가 일방적으로 말을 하고, 아이들은 발언할 수 없는 분위기가 교실을 지배한다.
- 아이들이 교사의 눈치를 보면서 움직인다.(마음대로 움직일 수 없다)

이러한 위압적이고 지배적인 교사 군림형의 교실에서는 아이들은 '언뜻 보기에 조용'하고 '안정'된 것처럼 보입니다. 그러나 고압적인 지도를 통해 아이들을 소위 공포감으로 억압하듯이 조용히 시키고 있기 때문에 아이들은 얌전할 수밖에 없는 것입니다. 그 결과, 주변에는 통솔력·지도력이 있는 교사인 것처럼 보이거나 교사 자신도 그렇게 오해하기 쉽습니다.

교무실 내에서의 영향력도 커져 '아이들에게 얕보이지 않도록 더 조이는 것이 좋다' '힘으로 누르지 않으면 아이들은 응석 부린다' 등과 같은 대화가 공공연하게 이루어지고 있지는 않습니까? 교무실에서 이러한 발언을 용인하고 동조적인 분위기를 만들어버리면, 교실에서는 아이들을 지배하려는 지도가 더욱 강화됩니다. 그리고 그 교사에게는 '잘못된 경험치'나 '착각의 성공 체험'이 쌓이게 됩니다.

교사들은 정기적인 이동이 있습니다. 설령 학교의 조직풍토가 일시적으로 흔들리는 일이 있더라도, 조금씩 정상화될 수 있습니다. 하지만 한 번 쌓아 올린 일을 좀처럼 그만할 수 없다는 것도 학교 문화의 특징으로 꼽을 수 있습니다. 특히, 일 년마다 반 배정이 이루어지기 때문에 일 년 안에 아이들을 성장시켜야 합니다. 장기적인 관점으로 아이들의 성장을 응원하는 분위기가 극단적으로 적어지고 있음을 체감합니다. 표면적으로는 '아이들의 자주성과 주체성을 중시한다'라고 말하면서도 실제로는 보이지 않는 힘으로 아이를 억압하는 것이 우선시 됩니다.

이러한 학교의 구조적인 문제의 뿌리에 대해 홋카이도 공립 초등학교 교사인 오노 무쓰히토(大野睦仁, 2019)는 '교실과 교무실은 연결되어 있다'고 간파했습니다. 교무실에서 주고받는 정보가 교사들이 아이에게 접근하는 방식에 영향을 주는 것 같습니다. 교사는 '아이와 어떻게 마주할까'에 앞서, 우선 자기 자신과의 마음의 대화가 필수적이라고 생각합니다.

이 책은 문제 제기의 의미도 담아서 '교실 멀트리트먼트'라는 제목을 붙였습니다. 물론, 이것은 교실에만 국한되는 이야기는 아닙니다. '학교 멀트리트먼트'나 '교육적 멀트리트먼트'는 어떨까 하는 생각도 있었습니다. 그러나 교실은 밀실이고, 교사들의 뜻대로 해당 학급의 구성원을 정할 수 있으며, 아이들은 일 년 동안은 거기에서 벗어날 수 없다는 점을 고려하여 '교실 멀트리트먼트'(classroom maltreatment)를 선택했습니다.

지금까지는 '아동학대는 나와 무관하다' '나는 지금 지도를 하는 것이지, 학대하는 것은 아니다'라고 생각하는 사람이 많지 않았을까 싶지만, **아이들의 발달에 마이너스가 되는 관계는 아주 가까운 곳에 있습니다.**

다시 한번, 아이의 눈높이에서 냉정하게 되돌아보는 것이 필요하지 않을까요? 이 책이 그 계기가 되길 바랍니다.

체벌과 성추행

앞에서 아동학대 방지법의 대상은 '보호자'이며, 그 밖의 다른 사람에게는 적용되지 않는다고 말했습니다. 이 책이 독자층으로 예상한 교육관계자는 그 대상으로 되어 있지 않지만, 학대의 4가지 영역(신체적 학대, 성적 학대, 방임, 심리적 학대)을 다시 살펴보면, 신체적 학대와 성적 학대는 학대의 범주가 아닌 위법행위로 규정되어 있습니다.

예를 들어, 신체적 학대의 내용은 '체벌'로 학교 교육법으로 금지된 위법행위입니다. 또한, 성적 학대의 내용도 '성추행'으로 징계 대상이며, 2021년 5월 '교육직원에 의한 학생 성폭력 방지 등에 관한 법률'이 성립하고(2022년 4월 1일 시행), 교직원의 성추행을 불법으로 규정한 것은 기억에 새롭습니다.

체벌도 성추행도, 아이들에게 신체적·정신적으로 고통을 주는 동시에 평생 회복하기 어려운 트라우마를 초래한다고 알려져 있습니다. 설령, 그 사람이 아이나 보호자와 우호적인 관계라고 하더라도 절대 용서받을 수 없습니다.

각 교육위원회는 '체벌 방지', '성추행 방지'에 대한 연수를 진행하고 있습니다. 그에 대한 점검 항목을 체크 리스트로 만들고, 체벌이나 성추행 사안을 제시하면서 '무엇이 문제였는지' '같은 입장이었다면 어떻게 대응했어야 할지' 등을 생각해보는 프로그램이 많은 것 같습니다. 다만, '체벌이나 성추행을 하지 않기 위하여'라는 생각이 연수 진행 방법에 따라, 적극적인 대안을 간구하는 것이 아니라, 그저 그런 일을 없애거나 생기지 않게 하면 된다는 소극적인 발상에 그치기 쉽다는 것입니다. 결과적으로 단지 '연수를 실시했다'는 사실을 남기는 것으로만 끝나버릴지도 모릅니다.

교실에서 벌어지는 '방임'과 '심리적 학대'

그러면 방임이나 심리적 학대에 대해서는 어떨까요?〔그림 2〕와 같이, 이 두 가지 내용은 법적으로 규정되지 않았고 징계 대상도 아니지만, 주시해야 할 행위라고 할 수 있습니다.

예를 들어, 방임과 유사한 행위로는 다음과 같은 것을 생각할 수 있습니다.

- 격려나 칭찬을 하지 않는다.
- 특정 아이 지명을 피한다.(똑똑한 아이의 경우 '지명하면 바로 답하기' 때문에 교사가 지명을 기피하는 경우도 있다. 이 경우 지명되지 못한 아이의 마음에 앙금이 생기거나 교사에 대한 불신이 생길 수 있다)
- 도움이 필요한 아이에게 합리적 배려를 하지 않는다.(참고로 국공립학교의 경우 '장애를 이유로 하는 차별의 해소 추진에 관한 법률'에 '합리적 배려의 미제공은 차별에 해당한다'고 되어 있다)
- 필요한 수업 준비를 게을리한다.
- 해결해야 하는 학급의 문제를 방치한다.
- 지원이 필요한 아이를 지원자나 도우미에게 '위임'한다.
- "맘대로 해봐", "가" 등의 방치하는 말 등

또, 심리적 학대와 유사한 행위로는 다음과 같은 것을 생각할

• 그림 2 •

교실 멀트리트먼트

(classroom maltreatment = 교실에서 벌어지는 부적절한 행위)

아동학대
(child abuse)

❶ 신체적 학대
❷ 성적 학대
❸ 방임
❹ 심리적 학대

❶ 은 '체벌'로서
❷ 는 '성추행'으로서 위법행위로 알려져 있다

[징계 대상은 아니지만 주목해야만 하는]

❸ **방임과 유사한 지도**

• 격려와 칭찬을 하지 않는다.

• 특정 아이 지명을 피한다.

• 도움이 필요한 아이에게 합리적 배려를 하지 않는다.

• 필요한 수업 준비를 게을리한다.

• 해결해야 하는 학급의 문제를 방치한다.

• 지원이 필요한 아이를 지원자나 도우미에게 '위임'

• "맘대로 해봐", "가" 등의 방치하는 말 등

❹ **심리적 학대와 유사한 지도**

• 위압적 · 고압적인 지도, 힘으로 억압하는 지도

• 아이가 자신감을 잃는 강한 질책

• 아이의 인격을 존중하지 않는 언행

• 아이의 주체적인 행동을 방해하는 지도 등

**'지도력 · 통솔력 있다'는
착각으로 이어질 수도 있다**

수 있습니다.

- 위압적 · 고압적인 지도
- 힘으로 억압하는 지도
- 아이가 자신감을 잃는 강한 질책
- 아이의 인격을 존중하지 않는 언행
- 아이의 주체적인 행동을 방해하는 지도 등

아이들을 힘으로 억누르고 질책하는 지도의 배경에는 그렇게 하지 않으면 아이에게 얕보인다는 어른 입장에서의 위기감이 있을지도 모릅니다. 하지만 아이들은 그 사람을 신뢰한다면, 얕보는 듯한 태도를 하지 않습니다. **'위압적인 지도에 의존하지 않으면 아이들의 호응을 얻지 못한다'는 생각은 애당초 아이들에게서 근본적인 신뢰를 받지 못한다는 증거**라고 할 수 있습니다.

이 책에서는 교실에서 벌어지는 부적절한 행위, 피해야 할 지도 전부를 '교실 멀트리트먼트'라고 부르고 그 문제의 배경을 분석하면서, 근절을 위해 어떻게 하면 교사와 아이들의 적절한 신뢰 관계를 구축할 수 있는지에 대해서 구체적이고 진지하게 고민하려고 합니다.

특수학교의 교실 멀트리트먼트

일반 초등학교와 중학교에 다니는 아이 중에는 교사의 지도에 멀트리트먼트성이 포함되어 있는 것을 느끼면, 주변에 불만이나 공포를 호소할 수 있는 아이가 있습니다. 또한, 담임교사가 지도할 때의 억압이나 질책에 대해 불복종이나 반발을 표면화시켜, 학급 전체가 기능을 못 하게 되는, 이른바 '학급 붕괴'의 상황에 이르게도 합니다.

그러나 지적장애나 자폐 스펙트럼이 있는 경우, 지도의 불합리함을 이해하기 어렵거나 말이 바로 나오지 않을 수 있기 때문에 교실의 실태가 외부로 새어 나오기 어렵습니다. 표면화하기 어렵기 때문에 교실 내 지도의 멀트리트먼트성이 강해질 수 있습니다.

교사 · 지도자에 의한 부적절한 지도를 인권, 발달, 사회참가 · 취업 · 미래 그리고 학교의 존재 의의 등의 시점에서 날카롭게 세상에 묻고 있는 도바시 게이코(土橋圭子, 2019)에 따르면, 교실 멀트리트먼트의 사안은 일상적으로 많이 발생하고 있다고 합니다. 〔표 1〕은 도바시가 실제로 눈여겨본 특수학교의 사안을 발췌, 정리한 것입니다.

구체적으로는 폭언, 호통, 놀림, 차별, 농락, 지배 복종 관계, 관리교육, 엄격한 지도, 위협, 심리적 제재, 행동부정, 장애 특

• 표 1 •

특수학교의 부적절한 지도 · 멀트리트먼트 · 교육학대의 사례에서 일부 발췌

(도바시, 2019를 바탕으로)

'신체적 학대'라고 생각되는 사안

- 손이나 물건으로 때린다 · 꼬집는다 · 발길질한다 · 찌른다.
- 교사의 지시에 따르지 않으면 신체를 짓누른다.
- 급식을 입에 억지로 넣는다.
- 아이의 손이나 다리만 잡아끌어 이동시킨다.
- 벌로 어두운 방에 가둔다. 등

'심리적 학대'라고 생각되는 사안

- 물건을 빼앗아 버리거나 싫어하는 호칭으로 부르면서 놀린다.
- 약점을 이용해서 위협한다.
- 욕설 · 고함 · 잘 하지 못하면 물건 주지 않기
- 고의로 공포를 부추기는 행위를 한다.
- 그 아이가 공포를 느끼는 것을 주변에 놓는다.
- 아이를 '놈'이라고 무도한 호칭으로 부른다.
- 도덕적으로 좋지 않은 행동이나 말을 하게 한다.
- 학급 친구로부터 따돌림을 받는 공포감을 느끼게 한다. 등

성을 고려하지 않은 지도, 못하는 일이나 싫어하는 일을 반복해서 강요, 공포심을 부채질하는 등의 지도가 높은 확률로 일어나고 있다고 합니다.

이러한 여러 사안을 보면, 독자 여러분은 '에이, 설마!' '학교에서 그런 일이?'라고 생각할지 모르지만, 실제 학교 현장에서는 그런 비슷한 상황을 볼 수 있는 경우가 분명히 있습니다. 그 대부분이 '아이의 미래를 위해' '지금 어떻게 하지 않으면, 이 아이가 곤란해지니까'라고 정당화하고 있습니다.

또한, 교무실에서의 대화 중에도 특정 아동이나 보호자를 놀리거나 비웃는 상황을 볼 수 있습니다. 담당하는 아이를 마치 자신의 소유물인 것처럼 이름을 함부로 부르거나, 놀리는 듯한 별명을 붙여 웃음거리로 삼거나 하는 불쾌하기 짝이 없는 대화를 들을 수 있습니다.

특수교육의 기본은 '다른 사람과의 차이를 인정하고, 상대를 존중하는' 것입니다.

상대에 대한 경의

상대가 보고 느낀 것에 대한 경의

상대가 생각하고 행동한 것에 대한 경의

상대가 중요시하는 것에 대한 경의

상대가 맡은 것에 대한 경의

경의를 보이지 않는 교사의 발언은 '흠집 내기'로 밖에 비치지 않습니다. 반대로 상대에 대한 경의가 넘치는 사람에게 나온 말에는 사람의 마음을 지탱하고, 긍정적으로 만드는 힘이 있습니다.

지도에서의 전제사항은 '무엇을 말할까? 무엇을 할까?'보다 **'어떤 태도로 그 아이 앞에 있을까?'**가 더 중요한 것 같습니다.

특수학교는 장애가 있는 아이에게 용기를 주고, 가치를 높이는 것이 요구되는 교육의 장입니다. 그런데도 앞서 말한 것처럼 존중이 느껴지지 않는 지도나 대화의 상황은 매우 가까이에 있습니다. 지도나 대화 끝에서 느껴지는 위화감을 알아차릴 만한 감성을 가지고 있지 않다면, 아무런 의심 없이 이 분위기를 '정상'이라고 받아들일지도 모릅니다. 이것이 '동료 압박'(peer pressure)이 되어 가는 것입니다.

그만큼 교무실 내의 분위기가 교사 한 사람 한 사람을 흔드는 것이라고 실감하고 있습니다.

패닉과 플래시백을 유발하는 교사의 독어

특수학교나 특수학급에서 더욱 조심하지 않으면 안 되는 것이 교사나 도우미, 지원자 등의 지도자에 의한 멀트리트먼트가 아이의 트라우마를 만들 위험이 있고, 수개월에서 수년이 지나고 나서 갑자기 플래시백(과거 기억의 재현)의 도화선이 되거나 공황 증세에 빠지게 할 수 있기 때문입니다. 지적장애가 있으면, 그 패닉의 이유를 본인도 설명하지 못하는 경우가 많기 때문에 주위의 어른들도 좀처럼 행동의 배경에 있는 과거의 부정적인 경험을 해독할 수 없습니다.

앞에서 소개한 도바시 게이코도 트라우마로 인해 정신의 불안정함과 공격성, 과도한 경계심, 놀람, 집중 곤란, 파괴적 행동 등이 야기된다고 말합니다.

제가 담임했던 중학생 중에도 사소한 일을 계기로 쉽게 흔들리고, 심리적인 취약함을 나타내는 경우가 여럿 있었습니다. 특히, 지적장애와 자폐 스펙트럼이 공존하는 경우 '지연적 반향언어'라고 하여, 앵무새처럼 과거의 광고 노래나 지하철 내 방송 등을 반복하는 장애 특성을 보이는 아이가 있었는데, 패닉 상태에 빠진 그 아이의 입에서 "또 나쁜 짓을 했네!" "아, 뭐 하는 거야!" "하지 마!" "안 된다고 했지!" "잘못했지?" "이제 최고 학년인데!" 등의 말들이 반복해서 나왔습니다. 아마 과거의 지도자들로부터 이런 말들을 반복해서 듣고, 극심하게 고통스러워한 경험이 있을 것입니다. 아무리 도덕적인 지도라 하더라도, 그들에게 이러한 말들은 발달을 저해하는 **'독어'**(毒語, 필자 조어, 아이의 발달을 저해하는 부정적인 요소를 가진 말)일 뿐입니다.

패닉에 빠지면, 머리를 바닥에 부딪치는 자해행위나 주변 사람을 때리거나 할퀴기·물기·밀기 등의 타해행위, 물건을 던지는 행위, 벽이나 문을 파괴하는 행위 등의 행동장애가 빈번합니다. 매우 강한 행동장애를 보이는 경우 '강도행동장애'라고 하는 사태에까지 몰립니다.

강도행동장애는 자연적인 장애가 아니라, 심한 지적장애와 자폐 스펙트럼이 병존할 경우에 '이차적 장애'로 빌생하기 쉬워진다고 알려져 있습니다. 학교 현장이 이러한 이차적 장애를 만들게 되는 것만은 엄중히 삼가야 합니다.

독어는 교실 분위기를 일변시킨다

독어는 아이 발달의 저해 요인이 될 수 있습니다. 교사나 지원자, 도우미 등 지도자의 입에서 나오기 쉽고, 알게 모르게 아이의 마음을 상하게 하는(트라우마를 만드는) 위험이 있습니다. 그리고 교실 분위기를 불온하게 바꿔버리기도 합니다. 독어에는 다음과 같은 것이 있습니다.

질문 형식으로 추궁하는 독어
• "몇 번 말해야 알아들어?"

- "왜 그러는 거야?"
- "야, 뭐 하는 거야?"
- "누구한테 그렇게 말하는 거야?"

진짜 의도는 말하지 않지만, 속마음을 눈치채야 하는 독어

- "할 생각이 없으면, 더 이상 하지 않아도 돼."(→ 진심은 '해라.')
- "마음대로 해."(→ 진심은 '맘대로 구는 것은 용서하지 않아.')
- "네가 원하는 대로 해."(→ 진심은 '말을 들어라.')

행동하게 하려고 위협하는 독어

- "빨리하지 않으면, ○○ 시킬 테니까."
- "그럼, ○○ 못해도 괜찮겠네."
- "이제 다 같이 ○○ 할 수 없어."

남의 힘을 빌리는 독어

- "엄마한테 말할게."
- "아빠 부를게"
- "교장 선생님한테 혼난다니까."

하급생과 비교하는 독어

- "그런 행동은 1학년도 안 해요."

- "그런 아이는 1학년부터 다시 시작해."
- "어린이집(유치원)으로 돌아가고 싶어요?"

지도자에게 책임이 없음을 강조하는 독어

- "안 된다고 말했지."
- "더 이상 하지 않을 거였어."
- "약속한 지 얼마 안 됐잖아."

방치하는 듯한 독어

- "그럼, 이제는 됐어."
- "가."
- "잘 가, 안녕."

　지도자의 처지에 있는 어른은 모두 자신의 한 마디 한 마디에 더 민감해져야 합니다. 이 독어들은 많은 아이를 두려움과 불안의 바닥으로 빠뜨립니다.

　독어를 뱉는 배경에는 '반드시'라고 해도 좋을 정도로 어른들의 '초조함'이 있습니다. 독어는 빨리 아이를 움직이게 하고 싶고, 지시대로 따르게 하고 싶은 어른의 초조함을 방증하는 것입니다.

독어는 '심리적 학대'와 비슷하다

독어 사용은 심리적 학대와 유사한 행위라고 할 수 있습니다. 지도자는 독어를 사용함으로 마치 지도한 것 같은 착각을 하지만, 실제로는 아이를 긍정적인 방향으로 이끈 것이 아니라, 오히려 아이의 마음에 상처를 준 것입니다. 먼저, 사용에 대해 단호한 판단을 할 수 있도록 항상 자신의 말을 의식하는 것이 중요합니다.

독어를 사용하지 않는다는 것은 지도를 하지 않거나, 아무 말도 하지 않는 것이 아닙니다. 독어에는 그 순간 아이에게 말하고 싶었던 진의가 있을 것입니다. '네가 ○○해주면 좋겠다' '너에게는 ○○할 수 있는 힘이 있다' '너에게 ○○한 모습을 기대하고 있다'라는 진실한 마음을 성실하게 전하면 됩니다.

독어를 사용하지 않으려는 노력이 가장 중요한데, 만약 사용했다면 다음과 같이 대응하도록 합니다. (5장에서 자세히 기술)

- 바로 그 자리에서 사죄하고, 정정한다.
- 진의나 기대감을 정중히 전한다.
- 아이가 저지른 일에 대해서 '나는 마음에 담아두지 않는다 / 화나 있지 않다'는 태도를 보인다.
- 아이의 트라우마가 없는지 주의 깊게 지켜본다.

교실에서의 '방임'

교실 멀트리트먼트 중 하나로 '방임'과 유사한 행위를 들 수 있습니다. 방임이란 보호나 양육 등의 의무를 다하지 않고 포기하거나 방치하는 상태를 가리키는 말입니다. 아동학대뿐 아니라 장애인과 노인, 애완동물 등에 대한 학대의 맥락으로도 사용됩니다.

나는 학교에서도 방임과 유사한 행위가 일상적으로 일어나고 있는 것은 아닐까 생각합니다. 앞에서 예시한 독어 중 '그럼, 이제는 됐어'가 '잘 가, 안녕' 등의 방치하는 듯한 말이 그 대표적인 예입니다. 이외에도 [표 2]에 보이는 것 같은 일이 교실에서 실제 일어나는 것을 볼 수 있습니다.

눈을 마주치지 않는다, 웃지 않는다

보통의 학급에 하루에 한 번도 교사와 대화를 나누지 않고 하교하는 어린이가 실제로 있습니다. 수업 중에 시선을 맞추거나 웃음을 보이는 상황을 의도적으로 만들어 '지켜보고 있단다' '그대로 괜찮아'라는 안도감을 주어야 합니다.

특정 아이를 지명하지 않는다

열심히 손을 드는데 의도적으로 그 아이를 지명하지 않는 등

교실에서의 '방임'과 유사한 행위

'방임'과 유사한 행위의 예

· 눈을 마주치지 않는다, 웃지 않는다.

· 특정 아이를 지명하지 않는다.

· 필요한 대화나 접촉을 하지 않는다.

· 활동에 참여시키지 않고, 일방적으로 교실 밖으로 내보낸다.

· 필요한 칭찬을 하지 않고, 성장을 가치 있게 여기지 않는다.

· 필요한 정보제공을 게을리한다.

· 아이의 기분이나 심리적인 위기가 다가오는 것을 깨닫지 못한다.

· 아이의 주체적인 제안을 받아들이지 않는다.

의 행위는 교육활동의 포기, 즉 방임과 유사한 행위라고 할 수 있습니다.

지명하지 않는 이유에는 똑똑해서 바로 정답을 말하는 아이이거나, 평소에도 다소 충동적인 아이라 수업에 혼란을 일으킬 수 있기 때문인 경우 등이 있습니다. 그러나 의도적으로 지명하지 않는 행위는 아이의 입장에서 생각하면 '적극성이나 노력이 바르게 평가되지 않는다'는 좋지 않은 기분이 들게 합니다. 때에 따라서는 교사에의 불신으로 이어지는 일을 상상하기 어렵지 않습니다.

이러한 상황을 개선하려면 답을 바로 말하고 싶은 아이를 참게 하는 것이 아니라, '한 김 빼기' 하는 일이 중요합니다. 예를 들어, 공책 같은 것을 말아서 즉석 메가폰을 만들어 "선생님한테만 들리도록 알려 줄래?"라고 말하면, 그 아이를 기다리게 하는 일도 없고, 주변에 답을 들려주는 일도 없습니다.

외면하지 말고 제일 먼저 지명하고 대답하게 해주는 것도 하나의 방법입니다. 그 아이의 발언을 계기로 아이들에게 "지금, ○○가 말한 거, 이해했니?"라고 묻거나 "○○가 발표를 자기가 이해한 대로 옆 사람에게 설명해보자"라고 짝꿍 토크로 발전시킵니다.

결국, '수업 흐름이 바뀔 수 있기 때문에 상황에 좋지 않은 발언은 취급하지 않는다'가 아니라 '누구라도 그 의견을 계기로 수업을 더 전개할 수 있다'라고 발상을 전환하는 것이 핵심입니다.

활동에 참여시키지 않고, 일방적으로 교실 밖으로 내보낸다

활동에 참여시키지 않고, 혹은 아이의 생각을 무시하고 일방적으로 교실에서 내보내는 것도 방임과 유사한 행위라고 할 수 있습니다.

예를 들면, 체육의 단체줄넘기에서 뛰는 것이 서툰 아이에 대해서 아무런 궁리도 방법도 배려도 하지 않고, "잘 못 하니까 그냥 보고만 있어도 좋다"고 말하는 것은 '지도의 포기' 또는 '배제'입니다. 그 아이의 부족함의 배경을 이해하고, 작은 단계부터 활동에 자신감을 가지고 참가할 수 있도록 이끌어가는 것이 필요합니다.

필요한 칭찬을 하지 않고, 성장을 가치 있게 여기지 않는다

"열심히 했네"라고 노력을 인정하거나, "정답! 내용을 잘 이해하고 있구나"라고 칭찬해야 할 상황에서 아무 말도 하지 않는 것도 방임과 유사하다고 할 수 있습니다. 격려하거나 가치를 높이는 기회가 있을 때, 아무 말도 하지 않는 것은 그 자리에서 요구되는 적절한 지도를 포기하는 것과 같습니다. 바꿔 말하면, 아이의 성장에 관심을 갖고 있지 않다고 할 수 있습니다.

오사카 교육대학의 니와야마 가즈키(庭山和貴, 2020)는 중학교에서 수업 중에 교사가 사용하는 언어 중 칭찬의 횟수가 증가하면 학생들의 행동이 어떻게 변화하는가에 관하여 매우 흥미로운 연구를 했습니다.(5장에서도 기술) 그 결과로서, 실험군이 된 학년만이 수업 참여도가 대폭 늘어나 문제 행동이 실험 전보다 감소했다고 보고되었습니다. 칭찬의 내용은 "와! 시선이 확 모여서 좋네!" "필기를 깨끗하게 했구나"라고 말한 것이고, 몇 번이나 특별한 접근을 한 것은 아닙니다. 그런데도 이만큼의 큰 성과가 나타난다는 것은 타이밍에 맞게 필요한 칭찬을 하는 것이 얼마나 아이들 마음에 영양이 되는지를 이해할 수 있을 것입니다.

필요한 정보의 제공이나 공유를 게을리하다

아이의 실태에 대해서 적절하게 인계하지 않았거나, 교육에 필요한 정보(지도 방법이나 수단, 배려사항 등)의 공유를 거부하는 것도 방임과 유사한 행위라고 해도 좋을 것입니다.

예를 들어, 지원이 필요한 아이의 지도를 지원자나 도우미에게 위임하는 듯한 태도를 보이거나, 합리적 배려의 제공을 '특별한 일을 할 필요는 없다'고 거부하는 일 등은 명백한 방임이라고 생각하는데, 실제 학교 현장에서 그런 일이 꽤 높은 비율로 일어나고 있습니다. 못하는 것에 대한 정보를 미리 알았는데도, 그것을 받아들이지 않는 것(예를 들어, 글씨를 잘 쓰지 못하는 아이의 지원 도구 활용을 인정하지 않는 것) 등도 방임에 해당한다고 할 수 있습니다.

방임과 유사한 행위를 하는 지도자들의 말 중에서 가장 많은 것이 "나는 내 방식이 있으니까요"입니다. 실제 지도 상황에서는 그 지도자의 독자적인 접근이 주효할 수 있습니다. 그러나 다른 방법의 선택지가 있는데도, 그것을 인정하지 않고 자신의 좁은 범위의 성공 체험을 고집하는 것은 가능성의 포기, 즉 방임이라고 하지 않을 수 없습니다. 하물며 타인의 방식을 일절 부정하고 모든 것을 받아들이지 않으려는 태도라면, 방임을 넘어 '독선적' '독재적' 지도자라는 비난도 감수해야 할 것입니다.

또한, 전임 교사의 교육활동 노력을 인정하려 하지 않고 아이들에게 도움이 되었던 것도 버려버리는, 다른 사람에 대한 부정적인 반응도 아이들의 교육 기회를 간접적으로 방임하는 것이라고 할 수 있습니다.

아이의 기분과 심리적인 위기를 눈치채지 못한다

방임에는 '고의적으로 행위를 포기한다는 것'뿐만 아니라 '항상 주의해야만 하는 위험 감지를 잘하지 못하는 것'도 포함됩니다. 예를 들어, 영유아 옆에 라이터나 담배를 놓거나, 고온이 예상되는데 자동차 안에 아이를 방치하는 것 등은 위험한 상황을 가정하지 않는다는 의미로 방임에 해당합니다.

이와 유사한 사고방식으로 아이 개개인의 정신적인 침체나 심리적인 위기감을 알려고 하지 않는다거나, 왕따 등의 중대한 문제를 방치하는 것도 '항상 주의해야만 하는 위험 감지를 잘하지 못하는 것'과 같다고 말할 수 있습니다.

지금까지 방임과 유사한 행위에 대해 정리했습니다. 매우 밀접한 일이면서도 간과되어 온 듯한 일이 즐비하지 않습니까?

'도저히 양보할 수 없는 선'의 위험성

교사 각자의 머릿속에는 항상 '이 상황에서 아이들이 이렇게 하면 좋겠다'는 가정이 있습니다. 그 가정의 선에서 벗어나거나 벗어나려는 모습이 나타날 때, 교사의 행동이 심리적 학대나 방임과 유사한 행위로 변화하지 않을까 생각합니다.

'도저히 양보할 수 없는 선을 넘은 행동에 대해서는 엄하게 꾸짖는다'는 학급경영 방침을 세운 교사의 경우, 꾸짖는 기준을 명확히 하는 것은 지도의 일관성에서도, 아이들에게도 전달되기 쉽게 한다는 점에서도 매우 중요하다고 할 수 있습니다. 그러나 그 선이 어른의 기준에서 설정되어 있거나 아이의 실태나 능력을 넘어서는 것이라면, 좋은 의도로 만든 기준이라도 교사의 목을 조르는 듯한 결과에 빠질 수도 있습니다. 혼내는 일이 일상화되는 경우가 많이 있습니다.

더불어, 불평등한 학급을 만들지 않겠다는 교사의 생각이 아이들에게도 전해져서, 아이들끼리 서로 감시하는 듯한 팽팽한 분위기가 생겨나게 됩니다. 그리고 "선생님, ○○이가 또 이렇게 했어요" "선생님, ○○이는 아직 다 못 했어요"라는 식의 부정적인 측면의 보고가 늘어갑니다.

이렇게 되면, 모든 것을 꾸짖고 고치자는 분위기로 이어질 수 있습니다. 교사의 주관으로 설정된 '도저히 양보할 수 없는 선'은 엄격하고 치밀할수록, 위험성도 높아진다고 할 수 있습니다.

예를 들면, '말하고 있는 사람 쪽으로 몸을 돌린다'라든지 '선생님께서 말씀하실 때는 가만히 앉아 있는다'고 하는 학습 규율에 관한 것, 아니면 '선생님께서 부르시면 대답한다'거나 '발표할 때는 큰 소리로 말한다' 같은 커뮤니케이션에 관한 것들은 서서히 익혀야 하는 것이지, 꾸중을 듣고 바로 고쳐야 할 일은 아닌 것 같습니다.

또 아직 깨우치지 못한 아이나 학습하지 못한 아이의 경우, 그리고 발달에 장애가 있는 경우에는 꾸짖는 것보다는 몸에 익힐 때까지 몇 번이나 끈기 있게 '가르치는' 자세가 중요합니다.

어른이 정한 양보할 수 없는 선이 아이의 상황과 맞지 않을 때, 그것은 이미 쌍방에게 고통의 씨앗과 막다른 골목에 불과하지 않을까요.

서로 감시하는 교실

'부정적인 보고'는 학급의 구성원인 반 친구들의 부정적인 부분을 일부러 교사에게 보고하는 행위를 말합니다.

사람에게는 규칙이나 규범으로부터의 일탈을 감지하는 '서치 모드'가 있습니다. 이러한 뇌의 사고 과정을 뇌과학자 나카노 노부코(中野信子, 2017)는 '배신자 검출 모듈'이라고 소개하고 있습니다. 이 기능이 있음으로써, 집단의 질서가 유지된다는 긍정적인 측면이 있는 동시에 '규칙으로부터의 일탈자는 비난받아 마땅한 존재'라는 부정적인 의식이 싹틉니다. 2020년 봄, 신종 코로나바이러스 감염증이 만연하기 시작하고, 첫 번째 비상상태 선포가 발효되었을 때, '자제경찰'(自肅警察)[1]이나 '마스크 자경단'이 생길 만큼 서로 감시하는 구조가 표면화되었습니다.

아이들 사이에서도 '배신자 검출 모듈'은 작용합니다. 다른 사람의 실패에만 눈이 밝아, 실수나 잘못을 용납할 수 없는 분위기가 확산되기 쉬워집니다. 이런 분위기가 조성되는 것을 막기 위해 '긍정적인 보고'를 권장하는 접근법이 필수입니다. 긍정적인 보고는 반 친구의 긍정적인 부분에 대한 보고입니다.

---

1   코로나 긴급사태 선포에 따른 행정 외출이나 영업 등의 자제 요청에 응하지 않는 사람이나 가게에 대해 치우친 정의감이나 불안감 때문에 사적으로 단속이나 공격하는 일반 시민을 가리키는 신조어 (옮긴이 주)

"선생님, ○○가 응원을 해줘서 열심히 할 수 있었어요."

"선생님, ○○가 저를 기다려줬어요."

이러한 긍정적인 보고를 진심으로 기뻐하고, "○○이는 정말 상냥하구나. 그리고 너도 전해줘서 고마워"와 같은 긍정적인 접근법을 계속 반복하도록 합니다.

'사회적 참조'와 '눈치'의 차이

교실 멀트리트먼트가 의심되는 학급의 아이들은 교사의 안색을 살펴며 움직이게 됩니다.

아이가 행동하기 전에 '중요한 타인'(significant others)의 반응을 살펴 행동을 결정하는 현상은 '사회적 참조'(social referencing)라고 하며, 1세 전후부터 시작된다고 알려져 있습니다. 어떤 사람이나 물건, 사건을 처음 만났을 때 어른을 한번 보고, 그때 어른이 하는 표정과 움직임으로 '안전한가, 위험한가' '바람직한 행동인가, 아닌가' 등을 판단하고 새로운 상황에 대처합니다. 따라서 어른들의 눈치를 살피고 행동하는 것 자체는 바람직하지 않은 일이 아니라, 오히려 정서발달의 과정으로서 매우 중요한 일이라고 할 수 있습니다.

이 사회적 참조는 다음과 같은 관계에서 발생하는 행동입니다.

① 자기 자신(아이)

② 어떻게 대처해야 좋을지 애매한 상황

③ 그 대상을 동시에 바라보고 있는 타인

여기에는 아이가 ③에 해당하는 타인에 대한 정서적 신뢰감을 갖고 있다는 조건이 더해집니다. 만일, 그 타인이 '중요한 타인'으로서의 역할을 다하고 있지 않다면, 사회적 참조라고 부를 수 없고 '눈치'가 됩니다.

'중요한 타인'은 일상생활을 하는 데 정서적 성장을 지지하는 존재입니다. 본래라면 부모나 교사인 어른이 그 역할을 하고, 성장해감에 따라 친구나 연인 등도 포함됩니다. 그러한 만남을 거쳐 아이의 내면이 구축되어 갑니다. 사람이 '나는 무엇인가?'를 찾고 구축해가는 과정에서는 주위 환경이나 거기에서 얻는 정보가 큰 영향을 줍니다. 그 영향의 크기를 생각하면, 안도감이나 신뢰를 주는 '중요한 타인'과의 만남은 아이들에게 마음 발달의 영양분이라고 해도 과언이 아닙니다. 사람과의 만남으로 아이는 자라나게 마련입니다.

한편, 교실 멀트리트먼트 상황에서는 항상 어른들의 눈치만 살피고 '스스로 생각할 수 없는' '눈치 보고 살아갈 수밖에 없는' 문제가 부각됩니다. 교사에게 혼나지 않으려고 바람직하지 않은 행동은 줄어들지만, 스스로 생각해낸 '좋은 행동'도 하지 않게 됩니다. 주변을 둘러보고 스스로 누군가를 도와주는 행동은 줄고 '선생님이 말씀하실 때까지 기다린다' '말씀한 것만 하면 된다'고 생각하는 아이가 늘어납니다. 나쁜 일도 좋은 일도, 아무것도 할 수 없게 됩니다.

그 교사와는 단 일 년간의 교제가 될지 모르지만, 다음 해 이후에 미치는 영향의 크기는 헤아릴 수 없습니다. 또한, 앞으로 사회에 나갈 아이들의 장기적인 성장이라는 관점에서도 사회성이나 대인관계의 발달을 방해하고 있음은 의심할 여지조차 없을 것입니다.

'언뜻 보면 조용하고 얌전한 학급도 사실은 교사의 위압적인 태도나 지도로 억눌러서 그런 분위기가 조성되고 있는지도 모른다'라는 관점을 가지는 것이 중요합니다.

다시 '교실 멀트리트먼트'를 정의하면

1장에서는 교육 현장의 지도자(교사를 비롯한 지원자, 도우미 등 관계자를 모두 포함)에 의한 '부적절한 행위'나 '피해야 할 행위'를 교실 멀트리트먼트로 정의하고, 구체적인 예를 들어 정리했습니다. 특히, 체벌이나 성추행과 같은 위법행위로 정해진 행위뿐만 아니라, 징계의 대상이 되지 않는 '심리적 학대'나 '방임'과 유사한 행위를 다루었습니다. 그로 인해 지금까지 그것이 일상이었기 때문에 간과되기 쉬웠을 가능성을 언급했습니다.

이 책의 의도는 교실을 '따뜻하고 부드러운 바람'으로 감싸는 교사를 늘리는 데 있습니다. 절대 교실에서의 잘못된 지도를 공연히 강조하고 싶은 것이 아닙니다. 이 책을 계기로 저를 포함한 지도자가 자기 행동 하나하나의 무게를 깨달을 수 있다면, 교실의 모습은 달라질 것입니다.

'교실에서 교사의 행동 방식이 아이들의 마음을 알게 모르게 상처 입히고, 트라우마를 만들고 있을지도 모른다'라는 문제의식을 느끼면서, 2장부터는 멀트리트먼트가 실제로 어떻게 아이들의 뇌를 상처 입히는지에 관해 여러 연구 결과를 참조하면서 자세히 살펴보겠습니다.

2장

상처받는 아이들

트라우마를 생각하는 3가지 에피소드

몇 년 전, 수련회로 학생들을 인솔했을 때의 일입니다. 등산을 마치고 숙소 방으로 돌아오고 나서 잠시 후 한 학생이 갑자기 울음을 터뜨리며, 자기 뺨을 때리고, 머리를 바닥에 찧기 시작했습니다. 그리고 "또 나쁜 짓 했어" "그만 좀 해"라고 말하는 것입니다.

나는 직감적으로 '플래시백이 일어나고 있구나'라고 생각했습니다. 성실한 성격의 그 학생은 일을 완수하는 것에 대한 집착이 있었습니다. 아마도 그 학생은 등산을 마치고 보람과 성취감을 얻었지만, 숙소 방으로 돌아와서는 그만큼의 긴장이 풀리면서 과거의 기억이 되살아나 패닉에 빠졌을 것이라 분석하고 있었습니다.

자원봉사 나왔던 학생 중 한 명이 그 모습을 보면서 "쟤는 왜 갑자기 날뛰기 시작했어요?"라고 물었습니다. 나는 그 학생의 과거에 있었던 괴로운 일을 가능한 한 프라이버시를 배려한 범위 내에서 설명하고, 우연한 계기로 그 당시의 일이 마치 눈앞에서 일어나고 있는 것처럼 느껴지는 것을 '플래시백'이라고 부른다고 알려줬습니다. 그러자 자원봉사 학생이 이렇게 중얼거렸습니다.

"나를 계속 괴롭게 했던 '그것'이 플래시백이란 말인가?"

자원봉사 학생은 발달장애가 있었고, 특히 글자를 읽고 쓰는 일에 어려움이 있었습니다. 그래서 초등학교 때부터 필기할 때 디지털카메라로 촬영을 허락받거나 시험 볼 때 답안지를 확대해달라고 하는 배려 신청을 했다고 합니다. 다만, 좀처럼 학교 전체의 이해로 이어지지 않았고, 담임마다 대응도 크게 달랐습니다. 배려를 '인정하지 않는다'는 교사의 얼굴과 목소리가 지금까지도 문득문득 강렬하게 떠오른다고 합니다. 또 플래시백에도 단계가 있는데, 가장 강력한 것은 중학교 시절에 왕따 당한 일이라고 했습니다. 동급생에게 당한 일이나 늘었던 이야기가 한꺼번에 밀려오는 느낌은 마치 '피할 수 없는 큰 파도' 같다고도 표현했습니다.

그 느낌이 무엇일까? 학생은 자신도 그것까지는 정리되지 않았다고 합니다. 눈앞에서 과거 일의 플래시백으로 괴로워하는 학생의 모습에 자기의 경험을 대입시키면서 플래시백을 이해하고 있었습니다.

학생들과 그런 이야기를 하면서, 나도 초등학교 시절에 담임으로부터 몇 번이나 끌려다녔던 것이 생각났습니다. 나도 어릴 적 트라우마가 해결되지 않은 당사자 중 한 명입니다. 초등학교 시절의 나는 담임에게 반발만 하고, 자주 부딪치는 아이였습니다. 당시에는 체벌이라는 말도 없었고, 걸핏하면 맞는 게 보통이었습니다. 유엔의 아동권리협약이 채택된 1989년 11월 20일경까지만 해도, 학교에서 아이들을 때리는 것도 지도의 하나로 여기는 교사가 적지 않았습니다.

민감한 시기에 담임에게 불합리하게 얻어맞기 때문에 노려보고, 그러면 또 맞고의 반복이었습니다. 담임의 처지에서 보면, 투쟁적이라고 할 수 있는 내 방어 반응이 매우 반항적인 태도로 보였을 것입니다. 초등학교 5학년 어느 날, 납득할 수 없는 규칙을 강요하는 것에 강한 반항을 보이자 "너 같은 놈들을 이기주의자라고 하는 거야!"라며 정신 못 차릴 정도로 혼났습니다. 그리고 그 말은 사사건건 나를 괴롭게 하는 말이 되었습니다. 그 말과 당시 담임의 표정이 되살아나, 이렇게 원고를 쓰는 지금도 손이 멈춰집니다. 그리고 이 책을 통해 '교실의 멀트리트먼트'에 대해서 전하려는 것조차도 나 자신의 이기심은 아닐까 싶어서 괴로워집니다.

돌고 돌아 교사라는 직업을 가졌지만, 당시는 '선생은 절대 되지 않겠다'고 생각했습니다. 그만큼 학교라는 곳은 좋은 인상이 없었고, 교사에게는 불신감밖에 없었습니다.

그러나 고등학생이 되었을 때 "너, 학교 선생님이 돼라"라고 말해준 한 선생님이 있었습니다. 그 선생님은 이렇게 말씀하셨습니다.

"학교라는 곳은, 잘하는 놈만 선생님이 되면 안 돼. 너처럼 자기에 대한 답답함과 어른에 대한 안타까움으로 괴로워하는 아이가 많이 있어. 그런 아이들의 마음을 알 수 있는 녀석이야말로, 선생님이 된다면 좋을 것 같아."

벌이나 위협은 점점 강해진다

과거에는 허용되던 일이 시간이 지나면서 큰 잘못으로 여겨질 수 있습니다. 30~40년 전에는 때리는 것도 지도의 하나로 인정되었습니다. 거기에는 제재나 훈계의 의미가 있었을지도 모릅니다. 그러나 이제 '체벌'을 통한 지도는 무슨 이유에서든 인정받을 수 없습니다.

앞의 장에서는 교실 멀트리트먼트의 개요를 정리했습니다. 소아신경과 의사인 도모다 아케미(友田明美, 2017)는 '멀트리트먼트'라는 말이 널리 알려지길 바라는 이유로 "'학대'라는 단어에는 편향된 이미지가 앞서서 '나나 우리 가족은 해당하지 않는다'고 생각하기 쉽다"며, "아이에 대해 매우 부적절한 행동을 하고 있어도 '학대라고 할 정도는 아니다'라고 생각하는 바람에 행위 자체가 간과될 수 있습니다"(29쪽)라고 서술하고 있습니다. 즉 '학대'라는 말의 뉘앙스가 상당히 강한 이미지를 가져와, 오히려 당사자가 의식하기 어려울 수도 있다는 것입니다. 이에 교실 멀티 트리트먼트 역시 모든 지도자가 '사실 피해야만 하는 부적절한 행위'라는 의미를 부여하고 싶습니다. 이렇게 함으로써 아직 징계의 대상이 되지 않은 '심리적 학대'나 '방임'과 유사한 지도자의 행위의 옳고 그름에 대해 쟁점화할 수 있지 않을까 생각합니다.

과도한 말의 질책, 라포르가 형성되지 않은 단계에서의 위압적인 지도는 '심리적 학대'와 매우 비슷하고, 사실상 칭찬하거나 가치를 높여주어야 할 상황에서 그렇게 하지 않는 것은 교육활동을 '포기·기피'하는 것이라는 의미에서 '방임'과 유사한 상황을 만든다고 할 수 있습니다.

'지나친 지도'라는 말도 있습니다. 사실 그럴 의도는 없었지만 결과적으로 너무 지나쳤다는 의미인데, 그만큼 교육의 '적당함'의 구분이 매우 애매하다는 방증이라고 할 수 있습니다. 지도자가 스스로 느끼거나 깨달아 조심하지 않으면, 아주 쉽게 '너무 지나친' 상황에 이를 위험성을 내포하고 있습니다.

'너무 지나친 지도'의 대부분은 아이에게 부정적인 영향을 주는 행위입니다. 물론, 긍정적인 행위가 너무 지나친 예로 '과하게 칭찬해서, 칭찬받지 않으면 움직이지 않는 아이로 자랐다'는 일도 있을 수 있습니다. '지나침은 아니함만 못하다'는 속담처럼 어떤 일이든 지나침에는 주의가 필요한 것 같습니다. 그러나 교육상의 문제로 크게 거론되는 것은 대개 거기에 '벌, 위협, 제재' 등의 의도가 담겨 있는 경우입니다.

벌·위협·제재의 의도를 담은 지도의 가장 큰 결점은 **'결국 아무것도 가르친 것이 아니다'**라는 점입니다. '교사 입장에서의 자기만족'이라는 측면이 강하고, 그 때문에 지도자가 만족감을 얻지 못하면 계속 반복됩니다. 그리고 페널티는 점점 강해지는 경향이 있습니다.

다시 벌이나 위협으로 아이를 통제하려는 것의 위험을 생각해 봅시다. 벌이나 위협은 효과가 매우 큽니다. 그것이 두렵기 때문에 아이들도 일시적으로는 움직이게 됩니다. 그렇지만 부작용도 아주 큽니다. 〔표 3〕은 벌이나 위협, 제재 등으로 통제하는 일의 부작용에 대해 행동분석학의 시섬에서 정리한 것입니다. 임상심리사 오쿠다 겐지(娛田健次, 2012)는 부작용에 대해 구체적으로 다음 6가지를 들고 있습니다.(필자 보충·개편)

첫째, 벌이나 위협을 받지 않으려고 바람직하지 않은 행동은 줄어듭니다. 하지만 동시에 좋게 행동하려는 생각도 사라집니다. 즉, 적극성이 줄어든다는 것입니다. 이는 어른도 마찬가지 인데, 예를 들어 관리주의적인 관리자 밑에서는 새로운 것에 대

· 표 3 ·

'벌과 위협'의 부작용

(오쿠다, 2012, 84~85쪽을 요약, 일부 개편)

❶ 행동하는 것 자체를 멈추게 된다.

혼나지 않기 위해서 혼날 것 같은 행동은 하지 않게 된다.

그뿐 아니라, 좋은 일도 하지 않게 되고 적극성이 줄어든다.

❷ 일시적으로는 효과가 있을지도 모르겠지만, 유지되지 않는다.

'위협당하지 않으면 행동할 수 없는' 사람이 된다.

❸ 벌 같은 행위는 상승되기 쉽다.

페널티는 점점 강해지는 경향이 있어서, 심리적 학대로 이어지는

위험성도 있다.

❹ 부정적인 정서 반응을 일으킨다.

극도로 사람을 무서워하고, 원망하고, 자존감에 상처 입는다. 등

❺ 역학관계에 따라 타인에게 같은 일을 한다.

상황이 바뀌어서, 그 아이가 역학관계의 강한 쪽으로 돌아섰을 때,

약한 상대에 대해 같은 벌 · 협박을 자주 사용한다.

❻ 결국, 아무것도 가르친 것이 아니다.

한 도전의 분위기가 줄어들 것입니다.

둘째, '위협을 당하지 않으면 행동할 수 없는 사람'을 키우게 됩니다. 일시적으로는 바람직한 행동이 촉진되는 효과가 있을지도 모르지만, 지속되는 효과는 기대할 수 없습니다.

셋째, 앞에서 이야기한 바와 같이 페널티는 점차 상승되는 위험성을 내포하고 있습니다. 어른들의 기대나 만족에 미치지 못했을 때, '좀 더 강한 벌을 주면…'이라는 사고에 빠지기 쉬운 부분이 있습니다.

넷째, 극도로 남을 두려워하거나, 원망하거나, 자존감이 상하거나 하는 등 정서적 성장에 부정적인 영향을 줄 수 있습니다.

그리고 다섯 번째와 같이, 그 아이가 어른이 되어 역학관계가 강한 쪽(예를 들어, 교사 등 지도자적인 입장 혹은 관리자 등)이 되었을 때, 벌이나 위협을 많이 사용하는 행위로 이어질 수도 있습니다. 이것은 부모·자식 간에는 이른바 '학대의 연쇄'로 알려져 있습니다.

그리고 가장 큰 문제는 아이 스스로 생각하고 움직일 수 있게 자라지 못한다는 것입니다. 즉 여섯째, '결국, 아무것도 가르친 것이 아니다'라는 것을 들 수 있습니다.

이번 장의 첫머리에서 내 초등학교 시절의 일을 이야기했습니다. 반복적으로 맞은 것에 대한 기억은 지금도 강렬하게 남아 있지만, '무엇을 지도받았는가'에 관한 구체적인 내용은 하나도 남아 있지 않습니다. 굳이 꼽자면 '신뢰가 없으면, 사람은 움직이지 않는다'라는 교훈을 얻었다는 슬픈 사실뿐이겠지요.

공포, 실패, 슬픈 일은 기억에 남기 쉽다

러시아의 심리학자 제이가르니크 부르마(Zeigarnik Bulma)는 사람들은 완성한 과제보다도 미완성의 과제를 더 강하게 기억한다는 현상을 발견했습니다. 이 현상은 훗날 '제이가르니크 효과'로 알려지면서 기억에 관한 연구의 중요한 한 걸음으로 여겨지고 있습니다.(콜린, 2013)

기억에 관한 연구를 진행하면서, 사람은 긍정적인 사건이나 정보보다 부정적인 사건이나 정보 쪽으로 주의를 갖기 쉽고, 또 그것이 기억에도 남는다는 것을 알게 되었습니다. '부정편향'(negativity bias)이라고 불리는 현상입니다. 이 현상은 타인의 인상 형성을 비롯해 자신의 의사결정 등 다양한 정보처리 과정에서 일어난다는 것이 실험이나 사건을 통해 확인됩니다.

제이가르니크 효과나 부정편향이 생기는 이유로, 리스크나 불쾌한 것을 회피하려는 '생존'이나 '사회적응'을 위한 메커니즘이 관련되어 있다는 주장이 있습니다. 실패, 부정, 공포, 혐오, 비탄 등의 부정적인 기억이 긍정적인 기억보다도 남기 쉬운 것은 다

· 그림 3 ·

해마와 편도체

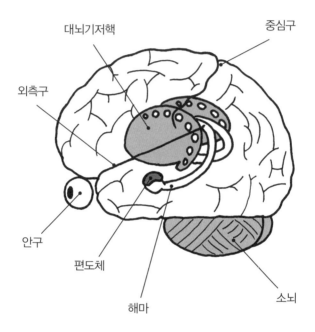

http://www.actioforma.net/kokikawa/
kokikawa/amigdala.html을 기초로 새롭게 일러스트화

음번에는 실패하거나, 슬퍼하는 일이 없도록 하기 위한 '생존전략' 혹은 '사회적응'의 일환이라고 할 수 있습니다.

사람의 뇌에는 기억을 관장하는 '해마'가 있습니다. 사람이 평소에 보고 듣는 정보의 양이 방대하기 때문에 그 모든 것을 뇌에 기억할 수는 없습니다. 살아가는 데 필요한 정보는 우선 장기기억으로서 보존되는데, 해마는 '장기기억의 문을 여는 판단'을 합니다.

〔그림 3〕처럼 해마에 인접하는 부분에 편도체가 있습니다. 편도체는 감정을 관장하는 부위입니다. 사람이 강한 감정을 동반하는 상황을 만났을 때, 뇌에서는 먼저 편도체가 활동합니다. 의사 이와타 마코토(岩田誠, 2011)에 따르면, 편도체가 자극을 받으면 그때의 감정(공포나 위험 등)에 대처하는 행동에 대비해 몸에 지령을 내림과 동시에 그 순간에 대한 기억이 촉진되거나 기억의 보존이 굳건해진다고 합니다.

또한, 편도체의 활동은 다른 경로를 통해 대뇌피질로 전달되어 '무섭다' '위험하다'고 느끼는 감정을 만들어냅니다. 이러한 감정이 차오르면서 편도체가 활동하는 상황을 잊기 어렵게 하고, 다음에 비슷한 상황에 있을 때 회피행동을 일으키기 쉽게 하기 위해서라고 합니다.

기억에 관여하는 해마와 감정을 관장하는 편도체가 구체적으로 어떻게 결합되어 있는지는 아직 명확하게 밝혀지지 않은

• 그림 4 •

강한 감정을 동반하는 기억이 남기 쉬운 시스템

(이와타, 2011, 138쪽을 일부 개편)

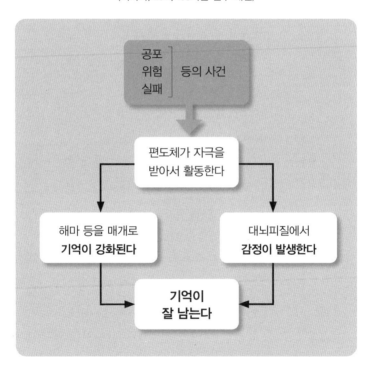

'무섭다, 위험하다, 부끄럽다, 슬프다' 등의 부정적인 감정은
살아가는 데 직접적으로 연결되는 감정이며,
복습 횟수가 별로 없어도 기억되기 쉽다.

부분이 있습니다. 다만, 〔그림 4〕와 같이 공포나 위험, 슬픈 기분 등의 감정과 결합된 체험만큼 기억에 남기 쉬운 구조는 자극을 받아 '① 편도체가 활동하면 기억이 견고해진다'는 것과 '② 편도체가 활동하면 감정이 발생한다'는 작용이 일어나는데, 이두 사건이 동시에 일어난다는 것에서 유래한다고 설명됩니다.

벌이나 위협으로 심어진 감정의 영향

벌이나 위협 등의 행위는 '공포'로 아이들을 결박합니다. 강한 감정은 기억에 남기 쉽고, '트라우마'로 이어집니다. 트라우마는 '마음의 상처'라고도 말합니다. 과학적 관점에서, 마음은 뇌에 존재한다고 볼 수 있습니다. '마음의 상처'라고 하면 직접적으로는 눈에 보이지 않는 것처럼 느껴질지 모르지만, 후쿠이대학 소아신경과 의사로 멀트리트먼트가 뇌에 미치는 영향에 관해 많은 연구를 하는 도모다 아케미는 실제로 멀트리트먼트는 아이 뇌의 위축·비대 등의 변형을 초래하며, 게다가 그 종류에 따라 변형되는 부위도 다르다고 말합니다. 즉, '마음의 상처'도 눈으로 볼 수 있는 형태의 변형이 있다는 것이 밝혀진 것입니다.

도모다의 연구 대상은 어디까지나 '부모 자식 관계'에 있어서

• 그림 5 •

멀트리트먼트가 뇌에 주는 영향

(도모다, 2019b, 39쪽을 일부 개편)

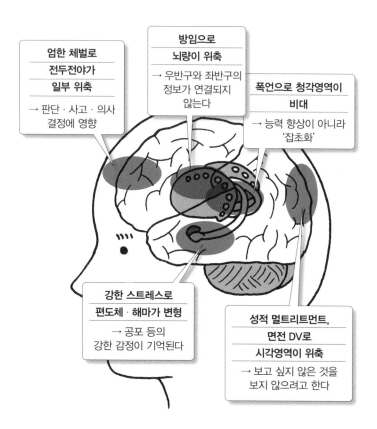

엄한 체벌로
전두전야가
일부 위축

→ 판단 · 사고 · 의사
결정에 영향

방임으로
뇌량이 위축

→ 우반구와 좌반구의
정보가 연결되지
않는다

폭언으로 청각영역이
비대

→ 능력 향상이 아니라
'잡초화'

강한 스트레스로
편도체 · 해마가 변형

→ 공포 등의
강한 감정이 기억된다

성적 멀트리트먼트,
면전 DV로
시각영역이 위축

→ 보고 싶지 않은 것을
보지 않으려고 한다

의 '양육' 문제를 다루는 것임을 덧붙여 말하겠습니다.

〔그림 5〕와 같이 도모다는 보호자로부터 멀트리트먼트를 받은 아이의 뇌에 대해 앞서 말한 바와 같이 정서와 깊이 관계하는 감정의 중추인 편도체와 기억을 관장하는 해마가 변형하고 있는 것을 밝혔습니다.

그뿐만 아니라 체벌로 인해 판단력과 사고력 등 뇌의 사령탑 역할을 하는 전두전야(前頭前野)의 일부가 위축됩니다. 방임으로 인해 기쁨과 쾌락을 느끼고 의지와 의욕을 만드는 선조체(線條體)의 기능이 약화됩니다. 또 우뇌와 좌뇌를 연결하는 '뇌량'의 부피가 위축되어 정보 전달이 잘되지 않는 것으로 보고되었습니다.(도모다, 2019b, 22~23쪽 / 2019d, 40쪽)

더 놀랍게도 '보고 싶지 않은 것을 계속 보지 않아도 되게' 하는 것처럼 '시각영역'이 위축되어 있거나, 폭언 등 '듣고 싶지 않은 것을 듣지 않아도 좋게' 하기 위해 '청각영역'이 잡초가 무성한 것처럼 비대해지는 듯한 변형을 보였다고 합니다.(도모다, 2019b, 37~38쪽)

멀트리트먼트가 반복되는 생활환경은 아이의 심리 · 정신 · 정서 면에 큰 데미지를 줄 뿐만 아니라, 실제로 뇌 발달에도 큰 영향이 있다는 것이 밝혀졌습니다.

민감한 뇌, 일상적으로 일어날 수 있는 멀트리트먼트

도모다는 뇌의 발달에 멀트리트먼트가 미치는 영향을 논하면서 중요한 3가지를 지적합니다.

첫째, 아이의 뇌는 매우 민감하기 때문에 변형되기 쉽다는 것입니다.

> 이 시기에 극도의 스트레스를 느끼게 되면, 아이의 민감한 뇌는 그 고통에 어떻게든 적응하려고 하다가, 스스로 변형한다는 것입니다. 살아남기 위한 방어반응이라고도 할 수 있습니다. 이것은 슬프고, 놀랄 만한 사실입니다.
>
> 그 결과, 뇌의 기능에도 영향을 미쳐, 어린이의 정상적인 발달이 손상되고, 평생에 걸쳐 영향을 미치게 됩니다.[2]

이것은 앞서 말한 기억의 '생존전략'이나 '환경적응' 요소와 겹치는 부분이 있습니다.

둘째, 멀트리트먼트는 결코 잔인한 행위가 아니라, 지극히 일상적이며 단순하고 애매하다는 지적입니다. 도모다는 연구원 후지사와 레이코(藤澤玲子)와의 공동 저서에서 다음과 같이 말

---

2   도모다 아케미, 『아이의 뇌에 상처 입히는 부모』, NHK출판, 2007년, 11∼12쪽

합니다.

아마도 많은 사람이 아동학대라고 듣고 떠올리는 것은 (중
략) 비참하고 임팩트가 강하다, 사람의 정의감에 강하게 호
소한다, 보고 들은 누구나 분노하고 마음 아파할 것이다. (중
략) 그러나 실제 아동학대란 일반사람이 상관할 일 없는, 먼
세상의 사건이 아니다. 많은 사람의 신변에서, 더구나 일상
적으로 일어나고 있는 것이다. 그러나 그것은 많은 사람이
생각하는 것보다 더 눈에 띄지 않는, 더 잔인함을 느끼지 않
는, 더 애매하고 단순한 것이다. 그렇다고 아이가 상처받지
않는 것은 아니다. 학대의 상처가 얕은 것도 아니다. 인생이
파괴되고 인격이 바뀔 수 있다. 그 결과, 주위 사람의 삶을
미치게 하고, 사회에도 큰 손해를 준다.[3]

이것은 가정으로 국한되는 것이 아니라, 1장에서 설명한 바
와 같이 교육 현장의 지도 상황의 일상과 겹치는 부분이 크다
고 생각합니다. 이 책이 다루고 있는 교실 멀트리트먼트는 이
러한 일상에 빠진 지도자 측의 문제를 파고들겠다는 의도가 담
겨 있습니다.

---

3   도모다 아케미 · 후지사와 레이코, 『학대가 뇌를 변하게 한다 : 뇌과학자의 메시지』,
    신요샤, 2018년, 3~4쪽

세 번째로는 어른들의 생각이 '아이의 장래를 위해서…'라든 지 '지금 어떻게 해주지 않으면…'이라는 사명감에 근거할 때가 많다는 점입니다. 도모다는 다음과 같이 말합니다.

> 체벌이 일상인 가정에서는 어느 부모나 '아이를 위해 잘되 라고 생각해서 하고 있다'고 말합니다. (중략) '커서 부끄러 움 당하지 않도록' 한 행위, 즉 부모에게는 '훈육'입니다. 그 생각에 거짓은 없겠지요. (중략) 아이의 나쁜 행동을 바로 잡기 위해서 '잘되라'고 하는 것입니다. '훈육'이라고 생각 하는 사람이 세상에는 아직 어느 정도 존재합니다.[4]

학교 현장에서도 이 지적과 같은 상황은 일어날 수 있습니 다. 아이에 대한 이해 없이 그저 열심히 아이를 '고치자, 바꾸 자, 바로잡자'고 하는 사명감에 불타는 교사도 실제로는 적지 않습니다.

다시 말씀드리지만, 도모다의 연구는 '부모 자녀 관계'의 '양 육'의 문제에 관한 것입니다. 하지만 사실 여기서 다룬 3가지의 지적 모두, 교육 현장이나 보육 현장에서도 같은 구조적인 문제 를 볼 수 있습니다. 아니 오히려 세 번째 지적은 교육관계자이

---

4   도모다 아케미, 『사실 위험하다! 그 육아법이 아이의 뇌를 변형시킨다 : 칭찬으로 뇌 는 성장한다』, PHP연구소, 2019년, 32~33쪽

기 때문에 조심해야 하는 '열성적인 몰이해자' 문제와 크게 관련이 있습니다.

열성적인 몰이해자

'열성적인 몰이해자'는 아동 정신과 의사였던 고(故) 사사키 마사미(佐々木正美)의 조어입니다. 특수교육이나 장애아동의 배경에 대해 '몰이해, 오해, 이해 부족'인 상태임에도, 열심이라는 말을 들을 정도로 아이의 행동을 '고치자, 바꾸자, 바로잡자'를 목적으로 한 적극적인 지도를 반복해, 오히려 아이의 상태를 악화시키는 사람을 말합니다.

열성적인 몰이해자는 아이의 서투른 부분을 무리해서 고치려고 하거나, 어려운 분야의 숙제를 반복적으로 내주어서, 결과적으로 등교 거부 등 부정적인 결과를 만드는 계기가 됩니다. 그리고 자신의 잘못된 교육관을 돌아보지 않고, 근거 없는 자기 생각만을 고집하며, 자신의 행위가 선의에 의한 올바른 것이라고 믿어 의심치 않습니다.

이런 열성적인 몰이해자가 자신의 신념이나 교육관만을 근거로 '아이의 장래를 위해서⋯' '지금 어떻게 해주지 않으면⋯'이라고 하는 사명감에 열정적으로 지도한다면, 역시 그것은 '명목상은 지도라고 해도, 실체는 교실 멀트리트먼트'라고 해도 과언이 아닐 것입니다. 특히, 심리적 학대나 방임과 유사한 행위 **는 징계의 대상이 되지 않았기 때문에 빠져나갈 수 있었던 것입니다.**

특히, 벌이나 협박을 이용한 지도는 무자각적으로 매우 많이 행해지고 있습니다. 예를 들어, 아이 자신의 반성 능력에 근거하지 않은 반성문을 쓰게 하는 것이나 지도해야 할 내용과 무관한 학교 운동장 뛰기, 청소 등이 '지도'라는 이름 아래 행해지고 있습니다. 또 '수업이나 행사에 참여시키지 않는' 벌을 주는 지도도 멀트리트먼트라는 관점에서 비추어보면, 아이나 학부모에게는 지도자로부터 방치되거나 버림받았다고 느끼는 '방임'과 유사하다고 할 수 있지 않을까요.

교실 멀트리트먼트가 아이의 성장에 미치는 영향

지금까지 아이의 멀트리트먼트와 관련된 선행 연구에 대해, 특별히 교사가 알아두면 좋은 점을 대략 정리했습니다. 특히, 바로 앞에서 살펴본 3가지 지적은 교육 현장의 멀트리트먼트와 중복됩니다.

그래서 여기서부터는 도모다의 연구에서 밝혀진 멀트리트먼트가 뇌에 미치는 영향을 참고하여 학교 현장에서의 어떤 장면이 멀트리트먼트에 해당되는지를 구체적으로 생각해보겠습니다. 단, 교실 멀트리트먼트가 뇌에 미치는 영향에 대해 과학적인 증거로 보여주는 것은 없습니다. 따라서 어디까지나 여기에서 말하는 것은 도모다의 연구 성과를 주로 참고(도모다, 주로 2017 / 2019b / 2019d를 참조)하면서, 학교 교육이라는 맥락에서 아이의 성장에 미치는 영향에 대해 가설 차원에서 논의를 진행해나갈 것임을 덧붙여 말합니다.

체벌이 아이의 성장에 미칠 영향

도모다는 신체적 멀트리트먼트로 인해 뇌의 전두전야 일부가 위축된다고 보고했습니다. 전두전야는 내뇌 전방에 위치하여 사고, 판단, 주의, 기획, 창조, 계획, 자기 억제, 커뮤니케이션 등 인간다운 정신 활동과 관련 있는 영역입니다. 표정이나 목소리 상태로 다른 사람의 기분을 헤아리거나, 무언가 열심히 하려는 의욕을 내거나, 자제하려는 마음 등을 통제합니다. 생각하거나, 기억하거나, 하지 말아야 할 일을 이해하거나, 일에 몰두하는 집중력도 이 전두전야의 작용에 의한 것입니다.

이 부위의 기능이 저하되면, 의욕이 없어지거나 집중력 및 억제력 저하 등이 일어나 난폭해지거나 화를 잘 내기도 합니다. 또한, 전두전야는 기억을 관장하는 해마나 감정을 관장하는 편도

체와 연동되어 있기 때문에 이 부위가 위축되면 본능적인 욕구나 충동을 억제하기 어려워진다고 합니다.[5]

이것을 학교 현장에 대입해 생각해보면, 신체적 학대는 '체벌'과 같다고 볼 수 있습니다. 원래 체벌은 법에 저촉되는 행위지만, 만약 행해질 경우 육체적·정신적 고통의 영향은 물론이고, 괴롭힘이나 더 나아가 폭력행위 등의 연쇄를 낳을 위험성이 있습니다. 또한, 사고나 판단 등의 인간다움이 상실되어, 항상 교사의 눈치를 보며 행동하게 됩니다. 설령 교사와 아이들 사이가 '친밀한 관계'라거나 '엄하게 지도해달라'는 학부모의 요구가 있었다'는 등의 이유가 있다고 하더라도, 결코 용서받을 수 있는 것은 아닙니다.

성추행이나 교직원 간의 다툼의 목격이 아이 성장에 미칠 영향

도모다는 성적 멀트리트먼트에 의해 시각영역이 위축된다는 것을 보고하고 있습니다. 또 면전 DV(아이가 부부간의 폭력이나 폭언, 욕설, 고함, 싸움 등의 장면을 목격하는 심리적 학대 중 하나)도 시각영역을 위축시킨다고 합니다. 이것은 보고 싶지 않은 것을 보지 않으려고 한다는 자기방어 반응의 표현이라고 합니다. 시각영역은 후두엽에 위치하여 불쾌한 일을 보면 부피가 감소하게 됩니

---

5   신체적 멀트리트먼트에 의해 위축되는 전두전야에 대해서는, 도모다, 2017, 73~79쪽 / 2019b, 24·33쪽 / 2019d, 27~28쪽에 자세히

다. 이 시각영역의 위축으로 다른 사람의 표정을 읽는 능력이 감소하고, 대인관계를 맺기 어려워진다고 합니다.

또한, 눈앞에서 일어나는 일뿐만 아니라, 영상 기억이 형성되고 시각에 따른 감정 처리도 되기 때문에 그 불쾌한 일이 생각날 때마다 신경이 활성화된다고 알려져 있으며, 고통을 수반하는 기억을 불러일으키지 않도록 시각영역의 부피가 감소한다고 추측됩니다.[6]

이를 학교 현장에서 생각해보면, 성적 학대는 '성추행'과 같다고 볼 수 있습니다. 성추행에는 신체 만지기, 성행위 강요 외 성기 보여주기, 나체 사진 찍기 등의 행위도 당연히 포함됩니다. 성희롱은 2022년 4월 1일 시행된 '교직원에 의한 아동 성폭력 등의 방지에 관한 법률'에 의해 법에 저촉되는 행위로 되어 있습니다. 트라우마를 낳고, 플래시백에 시달리는 경우가 있으며, 평생을 고통받기도 합니다.

학교에서는 관리자나 선배 교사가 아이들 앞에서 서투른 교사를 호통치고, 강한 지도를 한다거나 '당신은 지도력이 없다'고 욕하는 등의 장면을 보일 수 있는데, 이런 장면은 아이들에게도 매우 괴롭습니다. 그런데도 그것들이 아이에게 상처를 주었을지도 모른다는 인식조차 하지 못하고 있는 것은 아닐까요? 알게

---

6   성적 멀트리트먼트나 면전 DV에 의해 위축되는 시각영역에 대해서는, 도모다, 2017, 41~44, 59~64쪽, 79~85쪽 / 2019b, 26~28쪽 / 2019d, 28~30쪽에 자세히

모르게, 아이의 성장에 악영향을 주고 있을 위험성이 큰 것은 아닌가 추측할 수 있습니다.

심리적 멀트리트먼트가 아이의 성장에 미칠 영향

"너는 바보야" "뭘 시켜도 못해"와 같은 멸시, 매도, 차별, 위협, 존재 부정, 인격 부정 등의 말에 의한 폭력은 '심리적 학대'에 해당합니다. 아이에게 강한 자기부정감을 심어주는 것으로 알려졌으며, 더욱이 장기간 폭언에 노출되면 뇌 측두부에 있는 청각영역이 일부 비대화되고, 듣는 것이나 대화, 커뮤니케이션이 잘되지 않는 것이 밝혀졌습니다.

비대화는 '시냅스의 가지치기'가 멈추는 것을 의미합니다. 아이의 뇌 내에서는 2세 무렵까지 정보전달을 하기 위한 신경세포(뉴런)끼리의 접합 부위인 '시냅스'가 점점 생겨납니다. 이 시냅스가 마음대로 늘어나면 마치 잡목림 같은 상태가 되어, 신경 전달이 효율적으로 진행되지 않습니다. 그래서 성장 과정의 뇌 내에서는 '나무 가지치기'(도모다, 2017, 92쪽)와 같은 가지치기가 이뤄진다고 합니다. 보통 적당한 부피로 되어 있어 뇌의 기능이 유지되지만, 언어폭력을 반복적으로 받으면 가지치기 작업이 멈추고, 그 결과 잡목림처럼 된 청각영역의 부피가 늘어나는 것입니다.

폭언이나 존재 부정 등의 말은 그것을 알아들을 때, 뇌에 상당한 심리적 부담(스트레스)을 초래합니다. 청각영역의 비대화는 '듣기 싫다' 혹은 '듣지 않아도 된다'는 자기방어 반응의 하나로 볼 수 있고, 스스로 소리를 듣지 않는 상태로 만든다고 볼 수 있습니다.[7]

학교 현장으로 바꾸어 생각해보면, 사정을 고려하지 않은 무조건적인 질책이나 강한 말의 지도, "그럼 ○○할 수 없게 될 텐데, 후회 안 하지?" 등의 위협으로 움직이려고 하는 것은 '심리적 학대'와 유사한 행위라고 할 수 있습니다. 이는 정서적 불안정을 야기하고, 사람과 소통하는 것 자체를 두려워하게 될 것으로 예상됩니다.

방임과 유사한 행위가 아이들의 성장에 미칠 영향

방임은 아이에게 필요한 양육을 하지 않고 문제를 방치하는 것을 말합니다. 밥을 주지 않거나, 씻기지 않거나, 옷을 갈아입히지 않는 등이 그렇습니다. 그 외 우는데도 게임이나 스마트폰, 도박 등에 빠져서 아이의 요구(예를 들어, 스킨십 등)에 제대로 응해주지 않는 행동도 방임이라 할 수 있습니다. 방임은 애착장애로 이어지고 기쁨과 쾌락, 의지나 의욕을 느끼는 '보수계'를 담당하는 선조체의 활동을 약화시켜 뇌량을 위축시키는 것이 연

---

7   심리적 멀트리트먼트로 비대화하는 청각영역에 대해서는, 도모다, 2017, 52~58, 88~93쪽 / 2019B, 26 · 38쪽 / 2019d, 31~32쪽에 자세히.

구로 밝혀졌습니다.[8]

학교 현장으로 바꿔 생각해보면, 열심히 손을 들어도 지명하지 않고, 칭찬해야 마땅할 상황에도 아무런 평가를 해주지 않고, '맘대로 해' 등의 방치하는 듯한 말, '이젠 됐다, 잘 가라' 등 나 몰라라 하는 말, 왕따 같은 학급 문제를 방치하는 일 등은 모두 '방임'과 유사한 행위라고 할 수 있습니다. 방임은 부모와 자녀 관계로 말하면, 안정적인 애착이 형성되지 않는 것으로 연결됩니다. 학교에서도 교사와 아이 사이에 본래 형성되어야 할 안정적인 신뢰 관계가 형성되지 않을 것으로 예상됩니다.

안정된 신뢰 관계는 의지나 의욕을 낳습니다. 교사로부터의 따뜻한 눈빛과 웃는 얼굴은 교실에서 아이들에게 '포상'과도 같습니다. 그런데 이런 포상을 받지 못한다면, 무기력이나 초조함, 경계심이 생기고, 다른 사람과의 관계가 안정되기 어렵습니다. 또 사소한 일로 문제가 생기고, 친구들과 싸움이 끊이지 않는 등 대인관계에 영향을 줄 위험이 있습니다.

이것을 학교 현장의 상황으로 바꾼 '교실 멀트리트먼트'는 과학적인 검증에 이르지 못했기 때문에 가설 수준에 그치는 것입니다. 그러나 가족 간의 멀트리트먼트가 뇌의 발달이나 기능에

---

8 방임에 의해 약해진 선조체의 활동이나 뇌의 위축에 대해서는, 도모다, 2017, 45~47, 96~101쪽 / 2019b, 28쪽 / 2019d, 40~41쪽에 자세히

미치는 영향을 생각하면, 연간 1,000시간 이상을 함께 보내는 교실에서의 멀트리트먼트 환경이 아이들의 뇌에 어느 정도 영향을 미칠 것이라는 점은 상상하기 어렵지 않습니다.

게다가 도모다와 미국 하버드대학의 공동 연구에 따르면, 직접적으로 신체적인 폭력을 목격한 경우보다 부모의 호통을 계속 듣고, 고함 등의 언어폭력을 접하는 경우가 약 6~7배나 데미지가 컸다고 합니다.(도모다, 2019b, 34~35쪽) 이는 말로 인한 '심리적 멀트리트먼트'에 대한 미미한 관심을 학교에서도 이제는 무겁게 받아들여야 한다는 것을 시사합니다. 일상에서 일어날 수 있는 경미하다고 생각되는 일이야말로, 인식하지 못하는 사이에 아이에게 심리적 부담을 줄 가능성이 있습니다.

트라우마와 플래시백

멀트리트먼트가 미치는 영향의 크기는 헤아릴 수 없습니다. 아이들의 과거로 돌아가면, '반드시'라고 해도 좋을 만큼 '트라우마 경험'이 있을 것입니다. 과거 트라우마에 대한 기억은 수개월에서 수년이 지나서 갑자기 선명하게 본인의 의사와 상관없이 생각날 수 있습니다. 그것이 현실에서 일어나는 것 같은 느낌을 '플래시백'이라고 합니다.

• 사진 •

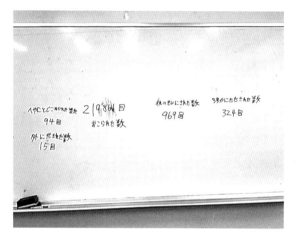

방에 갇힌 횟수　　219,861회　　내 탓이라고　　복도에서
　　94회　　　　혼난 횟수　　한 횟수　　　얻어맞은 횟수
　　　　　　　　　　　　　　　969회　　　　　324회

밖으로 쫓겨난 횟수
　　15회

과거의 트라우마 체험이 적힌 화이트보드

그런 트라우마 중에는 학교에서 만들어진 것도 많지 않을까요? 그런 과거가 있을 거라 느끼게 하는 아이들을 만나면, 정말 가슴이 답답해집니다.

왼쪽 사진은 초등학교 때의 일이 갑자기 플래시백 된 한 학생이 조금 냉정해지고 나서 화이트보드에 쓴 것입니다.

방에 갇힌 횟수 94회

밖으로 쫓겨난 횟수 15회

혼난 횟수 219,861회

내 탓이라고 한 횟수 969회

복도에서 얻어맞은 횟수 324회

지도받은 횟수는 실제와 다를 수 있습니다. 또 그동안 담임을 해온 교사도 '나는 올바른 지도를 했다'고 주장할 수도 있습니다. 게다가 하나하나의 수가 매우 크기 때문에 아이에게 '인지 왜곡'이 있는 것이 아니냐는 주장을 할 수도 있습니다. 인지 왜곡은 본래의 의도와는 극단적으로 다르게 받아들이거나, 극단적인 생각을 하게 되는 '인지 버릇'이 있는 상태를 말합니다.

그러나 설령 수치가 실제와 다르다고 하더라도, 또 담임으로서는 '잘되라'는 뜻으로 한 지도라 할지라도, 아이에게 인지 왜곡이 있었다 하더라도, 마음의 상처가 실제로 남아서 플래시백

되었다는 것은 사실입니다. 아이들은 교사에 대한 불신감을 그때 바로 표현하지 못합니다. 쌓인 스트레스 때문에 학교에 갈 수 없게 되는 경우도 있습니다. 또 '나는 안 돼'라는 극도의 자신감 상실이나 자기 부정이 나타나는 경우도 적지 않습니다. 그리고 그것은 트라우마가 되어 평생 고통받게 됩니다.

플래시백에 이르는 '인연과'의 법칙

〔그림 6〕과 같이 플래시백은 과거의 트라우마 체험에 계기가 되는 유발요인이 더해지면서 발생합니다. 트라우마 체험은 잊을 수 없는 기억이 되어 마음에 남습니다. 특히, 공포 등 부정적인 감정을 수반한 기억은 뿌리 깊게 남습니다. 거기에 플래시백을 유발하는 계기가 되는 자극이 더해집니다. 자극에는 트라우마를 체험한 때와 비슷한 시간대, 사람, 장면이나 상황, 말, 사람의 움직임이나 시선이 모이는 상태 등이 포함됩니다. 그런 자극이 있으면 두려움과 곤혹스러움과 혼란스러운 감정이 되살아나고 플래시백이 일어납니다. 그때까지는 평온하게 지내다가 갑자기 감정이 치밀어 올라 공격, 사물 파괴, 도피, 거부, 관계 차단 등의 행동이 표면화됩니다. 공격적 행동이나 파괴적 행동을 억제하는 방식이 또 다른 플래시백을 일으킬 수도 있습니다.

• 그림 6 •

플래시백에 이르는 '인연과(因緣果)'의 법칙

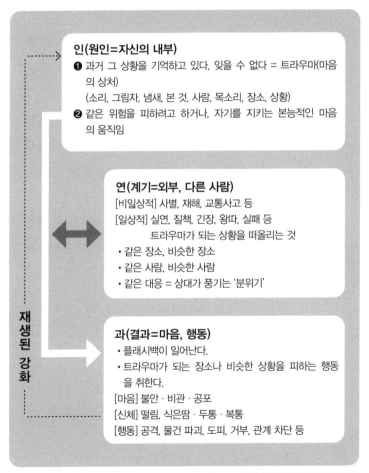

인(원인=자신의 내부)
❶ 과거 그 상황을 기억하고 있다, 잊을 수 없다 = 트라우마(마음의 상처)
(소리, 그림자, 냄새, 본 것, 사람, 목소리, 장소, 상황)
❷ 같은 위험을 피하려고 하거나, 자기를 지키는 본능적인 마음의 움직임

연(계기=외부, 다른 사람)
[비일상적] 사별, 재해, 교통사고 등
[일상적] 실연, 질책, 긴장, 왕따, 실패 등
　　　　　트라우마가 되는 상황을 떠올리는 것
• 같은 장소, 비슷한 장소
• 같은 사람, 비슷한 사람
• 같은 대응 = 상대가 풍기는 '분위기'

과(결과=마음, 행동)
• 플래시백이 일어난다.
• 트라우마가 되는 장소나 비슷한 상황을 피하는 행동을 취한다.
[마음] 불안 · 비관 · 공포
[신체] 떨림, 식은땀 · 두통 · 복통
[행동] 공격, 물건 파괴, 도피, 거부, 관계 차단 등

재생된 강화

https://hare-media.com/2555/을 기초로 그림, 일부 개편

특히, 지적장애나 자폐 스펙트럼이 있는 아이의 경우, 자신의 트라우마 체험이나 패닉 증상의 이유를 설명할 수 없습니다. 갑자기 야단치는 말이 그 아이의 입에서 재현되는 것 같을 때는 과거 트라우마 체험이 플래시백 되는 상황이라고 봐도 좋을 것입니다. 내가 그동안 담임을 맡은 학생 중에도 갑자기 "나쁜 짓 하지 말라고 얘기했지" "빨리 사과해" "잘못했지?" 등의 말이 연속해서 나오는 경우가 있었습니다.

이처럼 교실 멀트리트먼트로 인한 트라우마 체험이 기억에서 지워지지 않고, 플래시백이 일어나는 곳이 학교라면, **'학교에서 만들어진 마음의 상처는, 결국 학교에서만 치유될 수 있다'**는 것을 말해주는 듯합니다.

그 아이가 현재의 담임을 포함한 주변 관계와의 **애착의 재형성**으로 '아, 사람이란 좋구나' '여기는 아늑하구나' '나를 이해해주는구나' '나라는 사람을 필요로 하는 사람이 있구나'라고 다시 느낄 수 있는 체험을 쌓는 것이 중요합니다.

불온·흥분 상태에 대한 구체적인 대응

만약, 플래시백에서 흥분 상태로 빠진 아이를 담당하게 된다면 관계자끼리 다음의 대응을 공유해두는 것이 좋습니다.

공정한 관계 만들기

아이에게 좋을 거라는 생각으로 한 지도가 잘되지 않으면, 불안이나 부정적인 마음이 생깁니다. 그 마음이 아이를 향하면 화나 분노가 되기 쉽고, 교사 자신을 향하면 잘하지 못하는 자신을 탓하는 마음이 들거나 자신을 용서하지 못하고 피폐해집니다. 때로 그런 감정은 '나는 올바른 목적을 위해 이런 지도를 하고 있기 때문에 허용된다'며, 폭력적인 제압마저 정당화시킬 수 있습니다. 그렇게 되기 전에, 먼저 아이와 어른 사이에 입장을 초월한 공정한 관계를 구축하는 것을 최우선으로 합시다.

공정한 관계 만들기는 어른이 자신의 체면이나 허영이나 권위에의 집착을 일절 갖지 않는 데서 비롯됩니다. 특히, 어른이 규칙을 방패 삼아 단속하는 역할을 하면, 아이들도 솔직함을 점점 잃어갑니다. 실패하더라도 전진하기를 응원하는 '동지'의 역할을 해야 합니다.

또 '아이의 장래를 위해서' '착실한 인간으로 키워야 한다' '올바르고 꼭 필요한 개입을 해야 한다'라는, 언뜻 보기엔 아이를 위하는 것 같은 가치관에 근거한 지도도 때에 따라서는 삼가도록 합니다. 일반적으로는 아이도 이러한 지도를 통해서 '아차!'라고 느끼고 반성하는 것은 있지만, 그것은 자기에게 '적대적인 남'이 아닌 '절대적인 내 편'이기 때문에 받아들이게 되는 것입니다. '서로 소중하게 생각하는 사람' 혹은 '도움의 손을 내미

• 그림 7 •

불온·흥분 장면에의 대응의 기본방침

(니시다·나카가키·이치하라, 2017, 62쪽을 일부 개편)

외적인 자극요인

- 다른 아이와의 트러블이나 도발
- 요구가 관철되지 않는다
- 예정에 없던 변경
- 차분해 보인다고 어른이 적극적으로 활동시킨다 등

↓ **자극**

- 추가 도발
- 주의나 질책, 고함
- 감정적인 지도
- 다그치는 행위
- 다른 사람의 존재
- 많은 시선 등

↓ **자극**

차분한 상태	불온 (초조)	흥분 (파괴나 폭력)

↑

본인의 내적 상태

- 플래시백
- 실패 체험 상기 등

차분한 상태의 대응

= 기본, 지켜보기

- 시간을 쪼개서 활동 참가

불온 때의 대응

= 불에 기름 붓지 않기

- 달래다
- 화제를 바꾼다
- 받아넘긴다
- 위험하지 않은 한에서 아이의 마음을 존중한다

흥분 때의 대응

= 흥분을 지속시키지 않기

- 겁을 주지 않는다
- 부추기지 않는다(불필요한 말을 걸지 않는다)
- 주저 말고 담담하게 몸을 억누른다
- 몸의 긴장을 푼다

는 절대적인 아군'이 가까이에서 관여해주기 때문에 아이도 머지않아 바뀔 수 있다는 마음으로 공정한 관계를 계속 유지하도록 합니다.

불온·흥분 장면의 대응

〔그림 7〕은 피학대 아동이나 애착장애가 있는 어느 아이의 임상 장면에 정통한 니시다 야스코(西田泰子), 나카가키 마사미치(中垣眞通), 이치하라 마키(市原眞記)가 불온·흥분 장면에서 대응의 기본방침을 세 국면으로 나누어 정리한 것입니다.

먼저, 아이가 '차분한 상태'에 있을 때는 지켜보기를 기본으로 합니다. 다만, 침착해 보일 때, 주위에서 너무 열심히 하면 '불온' 상태에 들어가는 아이도 있기 때문에 시간을 쪼개서 활동 참가를 시도하도록 합니다.

다음으로 다른 아동과의 갈등이나 도발, 아이의 요구가 관철되지 않거나, 갑작스러운 예정 변경 등으로 '불안한'(짜증 나는 모습) 상태에 들어갔을 때, 어쨌든 불에 기름을 붓지 않도록 유념합니다. 달래거나, 화제를 바꾸거나, 능숙하게 받아넘기면서, 위험하지 않은 한에서 아이의 마음을 존중하도록 합니다.

그렇다고는 해도, 흥분 상태(파괴나 폭력)에 이르는 경우가 있습니다. 외적 요인으로는 추가 도발, 주의·질책·고함·감정적 지도, 다그치는 행위, 다른 사람의 시선이 쏠리는 것 등을 들 수 있습니다. 여기에 과거 기억의 플래시백이 영향을 줄 수도 있습니다. 이 경우는 흥분을 지속시키지 않는 것이 대응의 기본입니다. 겁을 주거나 불필요한 말로 부추기지 않는 것이 중요한 포인트입니다. 난동을 부릴 경우는 주저하지 않고 담담하게 몸을 억누르고, 행동을 멈추도록 하며, 신체의 긴장이 풀릴 때까지 시간을 갖도록 합니다.

이러한 대응의 기본방침은 당연히 학교 구성원 전체가 공유하는 것이 바람직합니다. 그렇지 않으면, 특정 담임만이 괴롭고 고립되게 됩니다. 특히, 그때까지 쌓아온 교사로서의 신념이나 신조 혹은 교육관 같은 것들이 견고하면 할수록, 아무리 아이를 위한 것이라지만 마음을 바꾸거나, 기본방침을 체득하거나 하는 일에 상당한 시간이 걸리게 됩니다. 주위 사람들의 따뜻한 눈빛과 보이지 않는 격려로 어른들도 변할 수 있다는 인식이 필요합니다.

나의 임상(현장) 경험에서도 이런 3가지 상황마다 유의점이 바뀐다는 생각을 가지면서, 나 자신의 행동을 객관화할 수 있게 되었습니다. 그럼에도 아이 개개인의 실태가 다르기 때문에, 3가지 상황 파악의 애매함이나 대응의 불충분함 때문에, 불에 기름을 붓는 결과를 낳기도 하는데 그래도 몰랐을 때보다는 더욱 침착하게 대응할 수 있게 되었습니다.

흥분한 아이의 몸을 누르는 방법

아이의 몸을 일시적으로 눌러서, 격앙된 기분을 가라앉히지 않으면 안 되는 일도 있습니다. 그 경우 교사도 상처 입지 않고, 아이 역시 상처받지 않는 제압 방법을 사용합니다. 아래 소개하는 것은 고도(護道)라는 무술의 명수로 복지 분야에서도 활약하고 있는 히로키 도우신(廣木道心)이 제안한 '지원개조법'입니다. 이하 내 경험도 곁들이면서 대략적인 순서를 정리합니다.

① 정면으로 접근하면 발로 차일 수 있으니 아이의 측면 뒤로 들어갑니다. 팔을 내리면서 등에서 감싸며 들어옵니다.

② 아이의 양 겨드랑에 손을 넣어, 선골(엉덩이 위에 있는 돌출부)을 누르면서 천천히 앉습니다. 교사의 턱이 가까우면 아이 뒤통수로 박치기당할 수 있으므로 주의합니다.

③ 아이의 무릎을 펴고 길게 앉습니다. 난동 부리는 동안에는 아이의 움직임에 맞춰 힘을 가하거나 뺍니다. 기대기 시작하면 아이의 배 위에 손을 얹습니다. 침착해질 때까지는 부주의하게 말을 걸지 않는 것도 포인트입니다.

중요한 것은 본인의 '마음'입니다. 마음을 무시한 기술의 행사는 폭력이며, 이는 곧 멀트리트먼트가 되어버립니다. 내 경험으로는 이 제압 방법이 학교에서나 가정에서나 가장 효과를 발

• 그림 8 •

흥분했을 때 아이의 신체 제압법

(히로키 도우신 '지원개조법')

① 측면에서 들어가, 아이의 팔을 내리고, 등 뒤로 이동한다.

② 아이 양옆에서 손을 넣고, 선골(엉덩이 위에 있는 돌출부)을 손등으로 누르면서 천천히 앉는다.

괜찮아, 괜찮아

POINT

이쪽이 힘을 빼면, 아이도 힘을 뺀다.

③ 길게 앉아서 완전히 기대면 배 위에 손을 놓는다.
아직 난동을 부릴 경우는, 아이의 움직임에 맞춰 힘을 주거나 빼거나 한다.

휘할 것 같습니다. 체중이 80kg 정도인 학생을 나 혼자 대응하는 것이 가능했습니다. 또한, 진정될 때까지 함께하는 경험을 통해 아이도 학습한 듯, 불안한 상태의 아이가 먼저 뒤에서 안아달라 요구하는 일도 있었습니다. 특히, 촉각 방어 반응이 강한 경우에 등 쪽은 그다지 과민반응이 나오지 않는 부분이기 때문에 뒤에서 접근하는 것이 아이에게 심리적 불안을 주지 않습니다.

이 방법을 모르는 현장에서는 지금도 몇 사람이 억누르거나, 깔아뭉개거나, 양쪽 어깨를 조이는 듯한 제압 방법을 계속하지 않을까요? 대응 방법의 재검토가 급선무인 것 같습니다.

어른이 되어도 계속되는 고통

어린 시절에 멀트리트먼트를 받으면 그로 인해 트라우마가 생기고, 건전한 발달이 저해된다는 것은 이미 기술한 바와 같습니다. 예후에 관해서도 확인해보겠습니다.

도모다는 미국 질병예방관리센터의 의사들이 1990년대에 19세 이상의 1만 7,000명을 대상으로 진행한 추적조사의 결과를 인용하면서, 성인이 된 후에도 고통받을 상황에 경종을 울렸습니다. 구체적으로는 대인관계에 시달리는 사회적 장애, 의욕 상실, 집중력 저하, 우울증이 있는 정서적 장애, 인지기능이 좀처럼 오르지 않는 인지적 장애 등을 겪을 가능성을 지적합니다. 또한, 약물 등에 대한 의존이나 심장질환, 폐암 등에 걸릴 위험도 커지고, 수명도 짧아진다는 연구 결과도 있다고 합니다.[9]

이런 점에서 나는 우선 멀트리트먼트와 그 영향에 대한 전반적인 이해를 높이고, 특히 학교 현장에서의 멀트리트먼트를 미연에 방지할 필요가 있다는 점, 그리고 적절한 관계를 통해서 성장기 아이들의 마음의 상처 회복을 목표로 하는 것이 중요하다고 생각했습니다. 트라우마가 복잡해진 경우에는 당연히 의료기관과의 연계 속에 오랜 기간 치료가 필요할 수도 있습니다. 그러나 학교에서 만들어진 마음의 상처는 학교에서만 치료할 수 있다는 부분을 강조하고, 다시 어른들이 마음가짐을 바꿔 가는 것이 무엇보다 중요하다고 생각합니다.

'피할 수 없는' 구조

교실 멀트리트먼트의 무서운 점 중 하나로 '순화'(馴化)를 들 수 있습니다. 이것은 '적응'과 거의 같은 의미이지만, 수동적으로 '길들여진다'는 이미지가 강한 말입니다. 교실에서 교사가 실

---

9   추적조사에 대해서는, 도모다, 2019d, 46~51쪽에 자세히

시하는 지도는, 비록 그것이 부적절한 행위라 할지라도 '이것이 우리 반의 상식'인 것처럼, 거의 당연한 것으로 받아들일 위험성이 높습니다. 아이들이 그 상황을 무의식적으로 받아들이고 있다는 생각이 들어서 견딜 수가 없습니다. 교사들도 착각하기 쉬운 조직풍토가 있습니다. 언뜻 보면 학급이 조용하다는 상황은 '통솔력이 있다'고 착각하기 쉽습니다. '저 반은 저 선생님에게 맡겨두면 안심이니까'라는 식으로 순화가 진행되기 쉬운 구조적인 문제가 있습니다.

원래 교사라는 입장은 아이들 앞에 서는 것만으로도 '권력자'의 성격을 가집니다. '힘이 있는 쪽의 교사'와 '따를 수밖에 없는 아이'라는 도식이 원래부터 있다고 할 수 있습니다. '밀실의 문화인 교실'이기 때문에 사실 멀트리트먼트가 잘 보이지 않고, 아이들도 그것을 받아들인다는 도식이 성립되기 쉽다고 할 수 있지 않을까요.

담임은 보통 일 년마다 바뀝니다. 일 년 동안은 벗어날 수 없는 구조가 계속됩니다. 학급이 자율적인 희망을 바탕으로 구성된 집단이 아니라, 교사 측의 '편리함'이라는 사정으로 만들어지는 한 아이가 보기에는 '피할 수 없는' 것입니다.

피할 수 없다는 것이 전제이기 때문에 만약 자기를 보호하려고 한다면, 거기에서 거리를 두는, 즉 '교실에 가지 않는다'는 선택지밖에 없는 것입니다. 교실은 그러한 피할 수 없는 구조의 장소이고, **교사는 그 위치에 있는 것만으로 이미 힘을 가진 입장이라는 것을 항상 자각할 필요가 있습니다.** 그런 자각이야말로 교실 멀트리트먼트를 예방하기 위한 최대의 방패가 되지 않을까요.

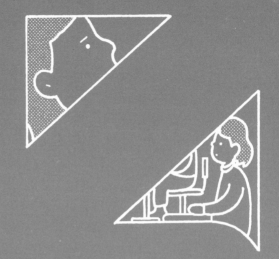

3장

압박의 연쇄

교실에 불고 있는 '바람'

교사는 항상 교실의 공기를 만들어냅니다. 아이들도 교사의 자세나 행동에 맞춰 태도를 바꿉니다. 엄한 교사 아래에서는 팽팽한 분위기가 되고, 약한 교사 앞에서는 느슨한 분위기가 됩니다. 교사가 자아내는 그러한 공기를 다가 이지로(多賀 一郎)는 '바람'이라고 표현합니다.

학교 현장에서는 자칫 '어떻게 하면 이 아이(반)를 바꿀 수 있을까?'라는 지도 방법론이 화제가 되기 쉽습니다. 그러나 지도의 본질은 '어떤 접근법으로 다가갈 것인가?'가 아니라 아이들을 '어떤 바람으로 감쌀까?'라는 교사의 태도와 행동으로 결정됩니다.

특히, 학급이 어수선하거나 아이가 말을 듣지 않는 등 '교사의 궁지 상황'에 빠졌을 때, 문제 해결을 서두른 나머지, 강한 지도로 아이의 마음을 가둬버릴 수 있습니다.

교사 자신이 교실에 불고 있는 '바람'을 느끼지 못하게 되는 것은 정말 무서운 일인 것 같습니다. 왜냐하면, 자기 행동을 객관화할 수 없는 것이야말로 교실 멀트리트먼트에 가까워졌다는 것이기 때문입니다.

'바람'이 계속되면 '압박'이 된다

큰 소리의 강한 지도는 아이들의 행동을 순간적으로 멈추고 굳게 합니다. 그 순간 움직임뿐만 아니라 아이들의 사고도 멈춥니다. '날카로운 바람'이나 '뾰족한 바람'이 그곳에 불기 때문입니다.

바람은 순간적이지만, 이 바람이 계속 불면 아이들을 정신적으로 몰아붙이는 '압박'(pressure)이 됩니다. 아이들은 어른들의 눈치를 보며 행동하게 되고, 결국 주체성을 잃게 됩니다. 스스로 생각할 수 없게 되는 것입니다.

학교에는 '압박이 강한 교사와 약한 교사가 있다'고 간파한 효고현 공립 초등학교장 다와라하라 마사히토(俵原正仁, 2019)에 따르면, 압박이 강한 유형은 좋게 말하면 '에너지가 넘친다', 나쁘게 말하면 '엄하다' '같이 있으면 피곤하다'는 기본적 특성이 있다고 할 수 있습니다. 반면, 압박이 약한 유형은 좋게 말하면 '착하다, 아이들에게 끌려다닌다', 나쁘게 말하면 '기운이 없다, 우유부단, 무엇을 해도 혼내지 않는다'고 느낄 수 있습니다.

실제로는 '분위기'도 '바람'도 '압박'도 가시화할 수 있는 것이 아니고, 잡을 수 있는 것도 아닙니다. 그러나 교실에서 아이들의 행동이나 발달에 확실히 큰 영향을 줍니다. 무엇보다 아이들은 그 공기 속에서 최소 일 년은 벗어날 수 없습니다. 그래서 나는 강한 압박과 약한 압박이 갖는 각각의 의미와 아이들에게 미치는 부정적인 영향을 정리한 다음, '압박'은 연속되는 것이며, 내가 어떤 압박을 사용하는지를 자각하는 것이 중요하지 않을까 생각하기에 이르렀습니다. 그것이 〔그림 9〕입니다.

강한 압박은 인권과 관련 있는 상황이나 다른 사람에게 상처를 줄 위험이 있을 때 사용하면 효과적이라고 생각합니다. 하지만 이런 상황이 지속된다면 '관리-복종형'의 지도 스타일이 됩니다. 주의해야 할 것은 항상 긴장하는 교사의 모습은 주변에서 다가가지 못하게 하고, 누구도 아무 말도 하지 못하게 되어 간다는 것입니다. 언뜻 조용하고 차분한 학급으로 보이기 때문에 '나는 통솔력이 있다'고 착각하는 경우도 적지 않습니다. 또 아이들 중에는 강한 압박의 지도가 트라우마가 되어, 시간이 지난 후 플래시백을 일으킬 수 있다는 점도 유의해야만 합니다. 특히, 발달장애가 있는 아이 중에는 HSC(Highly Sensitive Child)라 불리는, 감수성이 강하고 섬세하며 상황에 과민반응을 보이는 케이스도

• 그림 9 •

'압박'의 자각적 레벨 정리

| 레벨
약1 | 레벨
약2 | 레벨
0 | 레벨
강1 | 레벨
강2 |

× 뒷북 대응이 되기 쉽다

× 모방이 많아 휘둘린다

× 애쓰지만, 어른의 문제인 것을 깨닫지 못한다

× 지켜야 할 규칙도 느슨해지기 쉽다

× 순간의 판단에 망설임이 생긴다

× 주도권을 유지할 수 없게 된다

× 상대에게 '마음대로 행동해도 좋다' 는 오해를 주기 쉽다

○ 상대에게 안도감을 주는 효과가 있다

× 트라우마를 만들어, 시간이 지남에 따라 플래시백을 불러일으키기 쉽다

× 긴장하는 모습 때문에 가까이 오지 못한다

× '관리-복종형'의 지도가 된다

× 눈치를 보며 행동하는 아이가 늘어난다(스스로 생각하지 않게 되는 복종의 모습이 된다)

○ 위험할 때나 인권침해에 관한 때 순간적으로 사용하면 행동을 멈추게 하는 것에 효과적

• 간을 보는 행동이 (일시적으로) 강해진다

• 주위로부터 '아이에게 얕보인다'고 지적받아 초조함으로 이어지기 쉽다

• 언뜻 차분한 학급으로 보이지만 실은 묶여 있다

• '나는 통솔력 있다'는 착각으로 이어진다

있습니다. 그런 경우 학년이 올라가면서 교사에 대한 불신이나 등교를 거부하는 반응이 생길 수도 있습니다. 추후 대응에 충분한 신중함이 필요할 것으로 예상됩니다.

한편, 약한 압박은 주변에 안정감을 주는 효과가 있습니다. 아이들이 좋아하는 특성이라 해도 좋습니다. 하지만 역효과로, 지켜야 할 규율이 애매해집니다. 그것이 아이들에게 '마음대로 행동해도 좋다'고 하는 메타 메시지(본래의 의미와는 다른 의미의 메시지)를 보낼 수도 있습니다. 또 순간의 판단에 망설임이 생기기 쉽고, 뒷북의 대응이 되는 점은 충분히 주의해야만 합니다. 상냥함이 때로는 '우유부단함'으로 받아들여질 수도 있습니다.

교사 입장에서는 [그림 9]의 '매우 강한 압'(레벨 강2)에서 '약한 압'(레벨 약2)까지의 모든 상황을 실행하고 통제할 수 있어야 합니다. 그리고 동시에 매우 강한 압과 매우 약한 압을 의도적으로 사용하지 않도록 노력하며, 평소에는 중립적인 압박을 유지하는 것도 중요합니다.

'이중구속'과 강한 압박의 연쇄

전년도에 강한 압박의 지도와 학급경영으로 언뜻 보기에는 조용하고 차분한 학급이 되었습니다. 그러면 '이제는 차분해졌으니까 괜찮겠지'라고 잘못된 판단을 하고 초임 교사나 압박이 약한 교사에게 학급을 맡깁니다. 그러면 순식간에 학급이 황폐해지는 위험한 결과를 초래하는 경우도 있습니다.

이 상황은 해가 바뀔 때 일어나기 쉬운 '이중구속'(double bind) 상태에 아이들을 빠트렸다는 것을 보여줍니다. 교사 압박의 급격한 강하로 인해 '교사의 눈치를 보며 혼나지 않게 행동하던 단계'에서 '따뜻한 공기가 느슨한 분위기로 느껴져, 무엇을 믿어야 할지 막막해지는 단계'에 빠진 아이들은 두 개의 서로 다른 메시지 사이에서 당혹감, 혼란, 불안 등이 생기고, 스스로 생각하거나 행동할 수 없게 되는 것입니다.

또한, 이 사실은 전년도의 위압적, 고압적, 지배적인 지도 스타일이 아이들에게는 상당히 스트레스였다는 것을 말해줍니다. 아이들이 진짜로 차분해진 것이라면, 다음 해에 압박이 강하지 않은 학급으로 바뀌었다고 하더라도, 그 차분함을 유지할 수 있을 것입니다.

그런데 그런 배경이 있다는 것을 압박이 강한 전임 교사는 자각하지 못합니다. 그래서 교무실에서,

'그럴 줄 알았다니까?'

'저런 지도를 계속하다가는 아이들에게 얕보이기 마련이지.'

'너무 약해.'

'더 세게 조일 필요가 있어.'

'힘으로 누르지 않으면 교실은 더 거칠어진다'와 같은 발언을 반복하면서 자신의 영향력을 강하게 해갑니다.

이러한 경위로 교무실 내에서 강력한 지도, 강력한 학급경영이 연쇄되는 것입니다.

유연함과 관용을 갖춘 교사가 되기 위하여

〔그림 10〕은 조금 오래된 데이터지만, 국립교육연구소(현 국립교육정책연구소)의 멤버를 중심으로 구성된 학급경영연구회가 2000년에 '학급이 제대로 기능하지 않는 상황(이른바 학급 붕괴)'에 있는 학급을 분석했을 때의 배경 요인을 정리한 것입니다.

이에 따르면, 학급 붕괴 요인은 결코 한 가지가 아니며 여러 가지가 얽혀 있는데, 그중 제1 요인은 '교사의 학급경영에 유연성 결여'라고 할 수 있습니다. 제2 요인으로는 '수업 내용과 방법에 불만을 가진 아이가 있다'는 것을 들 수 있고, 이것 또한 '아이의 실태나 기대에 맞춰 교사가 교수 행동을 바꿀 수 없다'는 유연함의 결여를 말하고 있습니다.

조사 결과로, '아이를 바꾼다'가 아니라 '교사가 스스로의 자세를 다시 본다'는 것이 우선 과제라는 것이 이해됩니다. 특히, 학급 아이들의 실태나 그날의 모습에 맞춰 '스스로를 바꿀 수 있

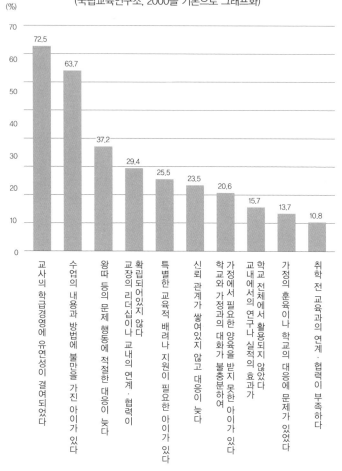

• 그림 10 •

학급이 잘 기능하지 않는 상황
(이른바 학급 붕괴)의 배경 요인

(국립교육연구소, 2000을 기본으로 그래프화)

(%)

- 교사의 학급경영에 유연성이 결여되었다 — 72.5
- 수업의 내용과 방법에 불만을 가진 아이가 있다 — 63.7
- 왕따 등의 문제 행동에 적절한 대응이 늦다 — 37.2
- 교장의 리더십이나 교내의 연계·협력이 확립되어있지 않다 — 29.4
- 특별한 교육적 배려나 지원이 필요한 아이가 있다 — 25.5
- 신뢰 관계가 쌓여있지 않고 대응이 늦다 — 23.5
- 학교와 가정과의 대화가 불충분하여 — 20.6
- 가정에서 필요한 양육을 받지 못한 아이가 있다 — 15.7
- 학교 전체에서 활용되지 않았다 교내에서의 연구나 실적의 효과가 — 13.7
- 가정의 훈육이나 학교의 대응에 문제가 있었다 — 10.8
- 취학 전 교육과의 연계·협력이 부족하다

는 교사'의 존재가 필수적이라고 할 수 있습니다.

키워드는 '유연함'과 '관용'입니다. 특히, 학급 내 발달장애가 있는 아이들에게는 교사 자신의 '틀'과 '축'을 크게 넓히지 않으면 대응할 수 없습니다.

그렇지만 머리로는 그렇게 알고 있어도 그다음 활동이 이어질 때는 아무래도 마음에 여유가 없어져 버립니다. 그런 순간을 마치 기다리고 있었던 것처럼 수업에서 벗어나거나 바닥에 엎어지거나 하는 아이가 나타나고, 주위 교사들의 시선이 신경 쓰이게 됩니다. 주위에서 지켜본다고 생각하기 시작하면, 더욱 초조해집니다.

그러한 교사 개인의 마음의 동요 역시 강한 지도로 이어져 결과적으로 아이의 혼란을 초래합니다. 주위 시선을 신경 쓰는 교사의 내면에는 '자기방어'의 심리 특성이 있습니다. 유연함과 관용을 관철하기 위해서는 교사 개인이 자기 내면에 있는 자기방어적인 태도와도 싸워야 합니다.

학교는 예정 조화의 장이 아니다

여기까지 학교 내에서 위압적, 고압적 지도가 연쇄적으로 이어지는 이유를 두 가지 설명했습니다. 첫째는 **교무실에서 압력**

이 강한 교사가 영향력을 갖는 것이고, 두 번째는 **교사 자신의 자기방어적 태도**입니다.

공통점은 '불안'입니다. 사실 교사라면 누구나 유연함과 관용을 갖춘 교사가 되고 싶다고 생각합니다. 하지만 그것이 용납될 수 없는 분위기가 지금 학교에는 뿌리 깊게 존재합니다.

또, 학교 교무실에는 의견이나 생각의 내용보다 '누가 그 말을 하는가'에 집중되는 경향이 있습니다. 목소리 큰 교사가 소리 높여 고압적인 지도나 강경 자세로 관철하려는 듯이 발언하면, 그것이 그대로 넘어가는 경우가 적지 않습니다. 그리고 실수나 실패가 용납되지 않는 분위기가 교무실에 퍼지면, 교실에서도 그 분위기가 이어집니다.

이런 교사들 사이에 감도는 불안감이 '나를 지키고 싶다'거나 '실패하는 것이 극도로 두렵다'는 자세로 이어진다는 것을 부인할 수 없습니다. 학교는 예정 조화(豫定調和)의 장이 아닙니다. 본래 학교는 미리 예상할 수도 없는 문제가 생기는 곳입니다. 그리고 아이들에게는 몇 번이고 다시 시작할 수 있다고 보장해주어야 스스로 시행착오를 겪는 습관이 될 텐데, 이마저도 용납할 수 없는 상황에 내몰리고 있는 것처럼 느껴집니다.

교사는 이렇게 꼬여간다

개개인의 교사 또한 스스로의 경험을 바탕으로 자기 지도 스타일을 찾아내고, 신념과 신조, 교육관 등을 확립해갑니다. 개개의 신념·신조, 주의·주장, 교육관은 존중되어야 하지만, 교무실이 답답한 분위기가 되면 아무래도 〔그림 11〕에 보이는 것처럼 '내 말은 옳다'는 생각에 빠지기 쉬워집니다.

주위에 관용이나 유연함이 부족한 상태가 오래 지속될수록 자신의 신념을 되돌아보는 일이 없어지고, 마침내 '꼰대 교사'가 생겨납니다. '꼰대 교사'는 다음과 같은 항목으로 스스로 체크해볼 수 있습니다.

꼰대 교사 셀프 체크 리스트

☐ 시야가 좁고, 자기 잣대와 주관으로만 판단한다.

☐ 내면에 불안이 있어도 그것을 인정하지 않고, 오히려 강경한 태도로 숨기려고 한다.

☐ '아이들에게 ○○시켜라'라는 표현을 자주 쓴다.

☐ '내 생각은 틀리지 않았다' '왜 다른 사람들은 이해 못 할까?'라고 생각하는 일이 종종 있다.

☐ 일을 있는 그대로 받아들이지 않고, 남의 약점을 지적한다.

☐ 빈정거리거나 비아냥대는 말을 한다.

• 그림 11 •

'내 말은 옳다'라는 확신이 '꼰대 교사'를 만든다

(다가 · 도마노, 2017, 16~32쪽을 바탕으로 그림, 일부 개편)

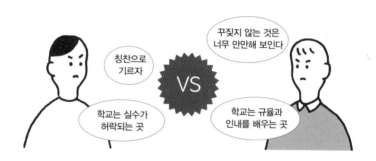

| '정의의 반대가 또 다른 정의' 상태 |

'자기의 신념 · 신조 · 주의주장 · 교육관만으로는…'
• 때로는 다른 사람의 신념을 인정하지 않고, 격렬하게 대립한다.
• 아무리 심지가 있다 해도, 자기의 신념 · 신조 · 주의주장 · 교육관으로
  만 지도하는 것은 사실 매우 위험한 일이다.
• 깊은 성찰이 없으면, 자기만 옳다고 생각하는 '아집'에 빠진다.

'교육 철학이란…'
어떠한 신념 · 신조를 가진 사람도,
누구나 납득할만한 정도의 서로 양해 가능한 '답'을,
본질의 밑바닥까지 철저하게 음미하는 것

☐ 무의식중에 큰 목소리나 발소리로 주위를 위협한다.

☐ 주변 사람들이 불편해한다는 것을 느낀다.

꼰대 교사가 빚어내는 독특한 분위기

어느 아침의 일입니다. 언제나처럼 복도에서 스쳐 지나가는 아이에게 '안녕'하고 말을 걸었습니다. 평소에는 눈을 잘 맞추는 아이인데, 그날은 전혀 대답이 없었습니다. 그리고 내 어깨너머로 꽤 먼 곳을 보고 있다는 것을 알 수 있었습니다. 그런 일이 몇 번인가 있고, 그 아이가 무엇에 주목하는 것인지 시선의 끝을 확인해보려고 했습니다. 그러면 그 끝에는 항상 '매우 압박이 강한' 교사가 있었습니다. 그 교사가 어떻게 행동하고 있는지를 살피는 모습이라는 것을 알았습니다.

말을 주고받는 것이 어려운 지적장애 아이들도 어른의 지배적인 압박을 민감하게 느낄 수 있습니다. 자기 생각을 잘 표현하지 못하기 때문에 주변에 사실이 전달되지 않는 경우가 많이 있지 않았을까요? 그런 생각으로 나는 나 외의 다른 어른과 있을 때의 그 아이의 시선이나 표정을 확인하게 되었습니다.

교사 중에는 '나를 따라오면 틀리지 않으니까' '내가 전부 쥐고 있으니까'라는 분위기를 내면서, 아이를 자신의 '부하'처럼 여기는 사람이 있습니다. 압박을 가할 뿐만 아니라, 때로는 칭찬도 하면서 상대를 통제합니다.

그런 관계를 계속하다 보면, 그 교사 앞에서만 좋은 아이를 연기하게 되고, 다른 곳에서는 행동이 거칠어지는 경우가 있습니다. 이것을 '학교에서 열심히 하니까, 집에서는 마음대로 하게 해주세요'라고 설명하는 교사도 있습니다. 또, 소개한 인사 에피소드처럼 다른 교사 앞에서는 매우 온화한 표정을 하다가, 어느 사람이 시야에 들어오면 갑자기 긴장하거나 두려워하는 표정을 하는 아이도 있을지 모르겠습니다.

교사들 모두가 '아이에게 무섭게 하고 싶다'거나 '아이를 지배하고 싶다'는 의도가 있는 것은 아니라고 생각합니다만, 결과적으로 교실 멀트리트먼트가 되어버린 경우는 많습니다. 학교는 자칫 잘못하면, 세뇌에 의한 지배가 잘 일어날 수 있는 곳이라는 것에 십분 유념해야만 합니다. 그만큼 학교는 특수한 공간이라는 것입니다.

학교에는 학생 지도상 '위협적인 캐릭터' '엄격한 아버지 캐릭터'를 요구하는 분위기가 있습니다. 이른바 '저 선생님이 일갈하면, 가슴이 철렁한다'라는 존재의 교사입니다. 설령 역할로서 요구된다고 하더라도, 그것이 반복되면 인격까지 변합니다. 그러다 보면 아무도 그 교사와는 의견을 나눌 수 없는 분위기가 되고, 본인 스스로도 자기 자신에게만 의존하게 됩니다.

교무실에서도 교실에서도 상대를 깎아내리는 것으로밖에 자신의 존재를 드러내지 못하는 교사가 되어버리는 것은 매우 무서운 일입니다.

꼰대 교사가 되는 것을 예방하는 타인의 시선

교사들은 모두 '잠재적 꼰대 교사'입니다. 물론, 나도 그렇습니다.

어느 날, 플래시백이 계기가 되어 파괴 행동이 시작된 학생이 있었습니다. 교실의 문을 박차고, 심지어 벽에도 큰 구멍을 냈습니다. 그 아이의 몸을 뒤에서 지그시 누르면서, 한편으로는 지금부터 해야 할 일을 머릿속으로 정리했습니다. 동료에게 도움 요청, 담당자에게 상황 보고, 문과 벽 수리 신청… 등등. 사과도 하면서 부탁도 해야 하고, 보고서를 제출해야 할지도 모르겠다는 생각을 했습니다.

그런 생각을 막 하던 참에, 그 아이가 뒤통수 박치기로 내 턱을 쳤습니다. 뇌가 크게 흔들리는 느낌이 들어 아찔했습니다. 두 번, 세 번 연속으로 박치기를 했습니다. 안경이 날아가고, 치아의 충돌로 입안이 피투성이가 되었습니다.

신변에 위협을 느끼면 마음의 평정을 잃어버리지 않을까 하는 두려움이 생기기도 합니다. 그래서 가까이 있는 동료에게 "옆에 있으면서 나를 계속 지켜봐 주세요"라고 부탁했습니다. 누군가의 시선이 있다는 것만으로도 냉정함을 유지할 수 있습니다. '사건의 전말을 지켜봐 주는 사람이 있다'는 생각만으로도, 스스로 객관화할 수 있고 냉정하게 대응할 수 있습니다. 그만큼 타인의 시선은 자기 행동을 통제하는 데 큰 영향을 미칩니다.

그러면서도 만약 객관화를 촉진하는 존재가 없으면, 아주 쉽게 '꼰대 교사'가 되는 것은 아닌가 하는 생각도 들었습니다. 교사라는 일은 불안상재(不安常在)입니다. 불안이 가까이 있으면 비뚤어지기 쉽다는 것을 실감한 순간이었습니다.

교사도 인간인 이상, 항상 완벽하게 행동하기는 어렵습니다. 자기 안에 있는 '이상적인 교사상'과 괴리가 시작됐을 때, 타인의 시선을 의식하며 다시 그것을 마음의 버팀목으로 삼고 자신을 살펴볼 구체적인 기회가 필요합니다.

그런 관점에서 보면, 어느 교사나 모두 '교실 멀트리트먼트의 잠재성'이 있는 셈이고, 그것은 고립되지 않으면 해결에 가까워질 수 있습니다. 교무실이 따뜻한 분위기로 싸이고, 긍정적이며 서로 존중하는 대화를 나누는 것. 이것이야말로 교실 멀트리트먼트를 예방하는 최고의 열쇠라고 할 수 있지 않을까요.

커뮤니케이션과 멀트리트먼트의 인과관계

교육의 유사 영역이라고 생각되는 보육 현장에서는 보육자(보육교사 등)에 의한 멀트리트먼트 사안이 1980년대부터 몇 차례 사회적으로 주목되어 왔습니다. 유아에게 때리기, 꼬집기, 찌르기, 말을 듣지 않는 아이에게 고함치기, 폭언, 심지어 편식이 있는 아이의 입에 억지로 음식 집어넣기 등입니다.

우에무라 젠타로(植村善太郎)와 마쓰오카 게이코(松岡恵子)(2020)의 연구논문 '보육에서 멀트리트먼트와 관련된 조직 요인 탐색'에서는 보육 현장에서의 멀트리트먼트 행위는 보육자의 개인적인 특성만으로 설명되는 것이 아니라, 주변 상황이 영향을 끼치고 있다는 것을 언급합니다. 구체적으로 말하면, **직장에서의 인간관계나 팀워크가 좋은 경우에는 멀트리트먼트 행위가 줄어든다**는 것이 시사된 것입니다.

팀워크는 다각도로 파악할 수 있는 개념이지만, 이 논문에서는 팀워크를 구성하는 요건으로서 다음의 3가지가 제시되어 있습니다.

① 직원 간의 정보 공유
② 보육 방법과 사고방식의 통일
③ 원장이나 주임의 리더십

이 연구에서는 직원 간의 팀워크나 커뮤니케이션의 중요성을 지적하고 있습니다. 특히, 커뮤니케이션이 적고, 목표나 규범이 공유되지 않은 조직에는 '간극'이 있어 '동료가 보고 있다' 혹은 '동료에게 의지하고 있다'는 의식이 약해, 멀트리트먼트가 쉽게 생기는 것이 아닌가 분석하고 있습니다. 게다가 한 사람이 멀트리트먼트 행동을 하는 것을 보면, 동조자가 증가할 수 있다고 말합니다. 이 연구는 보육 현장을 대상으로 한 것이지만, 학교 교육 현장에도 중요한 시사점을 줍니다.

가부장적 분위기가 강한 교무실에서의 스트레스

조직 내에서 감도는 분위기나 공기를 '조직풍토'(organizational climate) 혹은 '조직문화'(organizational culture)라고 합니다. 팀워크가 좋은 학교에시는 교사끼리는 물론이고, 교내의 관계자가 한 팀이 되어 아이들의 성장을 뒷받침합니다. 그런 교무실은 자연스럽게 다음과 같은 분위기를 이루고 있습니다.

① 달성해야 할 목표 공유
② 직원 간의 협력 관계
③ 명확한 역할 분담

④ 서로의 입장 존중

⑤ 긍정적인 내용의 커뮤니케이션

독자 여러분의 교무실에는 어떤 공기가 흐르나요? 교직원이 아닌 분이라면, 자신이 과거에 다닌 학교 교무실의 분위기를 생각하시거나 자녀가 다니는 학교의 교무실 상황을 확인하는 것이 좋을 것 같습니다.

화기애애한가요? 사소한 일이라도 부담 없이 서로 도울 수 있는 분위기인가요? 아니면 날이 서 있나요? 대화도 없고, 상대방의 실수나 오류를 지적하는 듯한 괴로움이 느껴지는 교무실은 아닌가요? 후자와 같은 분위기의 교무실은 그 자리가 불편하고, 매우 스트레스 가득한 직장이 됩니다.

함께 일했던 선생님 중에 소심한 분이 있었습니다. 그 선생님이 있는 학년의 주임은 매우 강한 압박을 가하는 교사로, 아이들에게 뿐만이 아니라 동료 교사에게도 엄한 눈을 번뜩이는 사람이었습니다. 심리적 학대와 비슷한 행위를 하는 학년 주임으로부터 아이들을 지키려고 한 나머지, 소심한 그 선생님은 '아이들이 학년 주임에게 엄한 말을 듣지 않게 하려고, 내가 먼저 압박하는' 지도를 했다고 고백했습니다. 자신보다 강한 사람에게 혼나지 않게 하려고 '제가 먼저 해두었습니다'라는 마음으로 아이들을 압박하는 것은 마치 폭군 같은 엄격한 아버지와 그에 따르지 않을 수 없는 연약한 엄마 같은 구도로 보입니다.

일본에는 여전히 이러한 예전의 '가부장제'라고도 할 수 있는, 종적 관계가 남아 있는 학교가 적지 않은 것 같습니다. 특히, 관리자가 교무실의 분위기를 좋게 할 생각을 하지 않고, 마치 전권을 장악한 듯한 종적인 사회를 만들고 있는 경우는 극히 폐쇄적일 수밖에 없는 위험성을 안고 있습니다.

교무실의 커뮤니케이션을 어떻게 바꿀까

폐쇄적인 위험도가 높은 교무실의 커뮤니케이션에 대해 구체적으로 정리해보겠습니다.

폐쇄적이고 스트레스 가득한 교무실 분위기 셀프 체크 리스트

☐ 컴퓨터만 쳐다볼 뿐 대화가 없다.

☐ 대화를 해도, 아이나 보호자에 대해 흉만 본다.

☐ 아이 또는 보호자를 비웃거나, 조롱하거나, 부정적인 측면을 모방하는 대화가 많다.

☐ 아이의 부정적인 에피소드로 웃음이 터진다.

☐ 특정 교사를 나쁘게 말하거나, 부정적인 면을 강조하는 화제가 많다.

□ 서로 책임을 지지 않고, 다른 사람에게 일을 떠넘기려는 것이 두드러진다.

□ 무언가에 쫓기듯이 계속 어수선하다.

□ '오늘, ○○를 혼내서 울렸다'라는 이야기를 무용담처럼 말하는 교사가 있다.

□ 보호자나 아이를 이름으로 막 부른다.

□ 관리자가 있을 때와 없을 때의 분위기가 크게 다르다.

여러분의 교무실 대화는 어떤가요? '걔는 지도가 안 된다' '걔는 말을 들으려고도 하지 않는다' 등 아이의 못 하는 부분을 비웃는 대화가 오간다면, 그 교무실은 이미 말기 증상이 보인다고 할 수 있습니다.

처음에는 약간의 놀림이나 푸념이었을지 모릅니다. 그러나 아이나 보호자의 입장을 나쁘게 만드는, 이른바 '깎아내리는' 말을 계속 방치하면, 사소한 일의 축적으로 아이나 보호자를 깔보는 조직풍토나 학교문화가 쉽게 뿌리 내리고 맙니다.

더구나 "오늘, 아이를 울렸다"라고 무용담처럼 말하는 것은 어떻습니까? 그 말의 이면에는 '나는 올바른 지도를 했다. 내가 한 일은 틀리지 않았다'는 오만함이 느껴집니다. 이제는 꼰대 교사가 아니라, 못돼먹은 교사라고 느껴집니다. 지도하는 데 다른 선택지가 다수 존재하는데도, 자신의 지도방식 이외에는 인정하지 않으려는 교사들은 대개 '나는 내 방식이 있으니까요' '내 나름의 방법대로 해나가니까요'라고 말합니다. 이것은 교실 멀 트리트먼트를 넘어 독재자라고 할 수 있습니다.

교무실 커뮤니케이션을 밝고 긍정적인 방향으로 만들고 싶다 면, 체크 리스트에 있는 말을 들었을 때 지체 없이 서로 권면하 는 관계가 되려고 노력하는 것이 중요합니다. 교무실은 **서로 향 상시키는 '동료애'를 목적으로 하는 곳이** 되지 않으면 안 됩니다. 그날 아이들이 보여준, 아이들에게서 발견한 멋진 모습을 끊임 없이 이야기할 수 있는 교무실로 만들어가고 싶습니다.

사소한 일일지 모르지만, 나는 내가 주임을 맡는 학년은 교무 실에서의 대화는 물론이고, 결석자 이름을 적는 칠판에도 '○○ 군'이라고 경칭을 붙이도록 권장하고 있습니다. 단순하지만 이 런 일로도 서로 존중하는 조직풍토와 학교문화가 생깁니다.

영국의 교육자 알렉산더 니일은 **'가장 좋은 교사란 아이들과 같이 웃는 교사이다. 가장 좋지 못한 교사란 아이들을 우습게 보 는 교사이다'**라는 말을 남겼습니다. 먼저는 교사 자신이 아이들 앞에서 미소를 유지할 수 있는지 없는지를 확인하는 것이 중요 합니다.

교사 간의 갑질

아이나 보호자를 소중하게 여기지 않는 교무실에서는 교사끼리도 상대를 함부로 대해도 된다는 분위기가 감돌기 마련입니다. 서로의 주장이나 사정을 고려하는 대화가 줄어들고, 힘이 센 사람, 윗사람, 목소리가 큰 사람이 억지로 자기 생각이나 수법을 강요하게 됩니다. 이러한 갑질이나 교사 간의 괴롭힘이 시작되면, 그 분위기를 받아들일 수밖에 없게 됩니다.

특히, 학년 주임 등 '중간 책임자' 입장을 맡은 사람이 상대(동료나 아이, 보호자)에 대해서 쥐락펴락하고 싶어 하는 특성이 있으면, 그 학년의 교사들은 학년 주임의 눈치를 보면서 일하게 됩니다. 아이의 성장과 관련된 어른이 아이를 보지 못하고, 항상 무언가에 겁을 먹으면서 다른 사람의 눈치를 봐야 하는 상황은 비참합니다. 교무실과 교실은 연결되어 있기 때문에 '반드시'라고 해도 과언이 아닐 정도로 그 압박이 아이들에게 향하기 때문입니다.

교사의 스트레스가 높은 경우에는 같은 상황을 아이들에게 강요하는 결과에 빠집니다. 먼저는 **교사가 소중하게 대우받는 조직문화**(가능하다면 교육계 전체의 문화)로 만들어야 합니다.

일 년에 몇 번 '자진신고'나 '의식조사' 등으로 의견을 듣는 것 외에 대화가 없고, 현재 상황에 대해 어떻게 생각하는지 전혀 묻지 않는 학교는 없습니까? 다른 업계에서는 이미 몇 년 전부터 도입하고 있는 제도나 시스템을 전혀 보려고 하지 않는 구태의연한 학교는 없습니까? 개별 교사의 능력이나 니즈, 가정 사정 등은 고려하려 하지 않고, 제멋대로의 서투른 육성이나 연수가 강요되고 있지 않습니까? 부하나 입지가 약한 사람(경력이 적은 사람, 착하고 그다지 자기 소리를 내지 않는 사람)들에게 거만하게 굴거나 위협하는 관리를 하는 학교는 없습니까? 상대에 대한 존중과 공감으로 직장을 밝게 만드는 것이 아니라, 여러 가지 요구사항으로 마음을 위축시키고, 의욕을 꺾어서 미소를 잃어가게 하는 학교는 없습니까?

'학교조직'을 '관리자-교육행정-교육위원회-문부과학성' 등으로 대체해도 똑같이 할 수 있을지 모르겠습니다. 사람은 스스로가 소중하게 대우받고 있다는 것을 느끼면 태도와 행동을 바꿉니다. 인정받는 것으로 성장해가는 것은 아이뿐만이 아닙니다. 교사도 마찬가지입니다.

요즘은 이전과 달리 SNS를 통해 젊은 교사에 대한 '육성'이라는 명목으로 공갈이나 인격 부정이 이뤄지고 있다는 이야기를 들었습니다. 아직 성장하지 못한 부분을 거론하며 '지적해서 뿌리를 뽑자'는 지도가 횡행한다면, 그 압박은 아이들을 향한 지도로 대물림됩니다. 가정에서의 학대 중에 '부모 자녀 간 대물림'이나 '세대 간 대물림'처럼, 그것을 모델로 나쁜 대물림이 생겨납니다. 무엇보다 주의해야만 하는 것은 학교나 교실은 매우 폐쇄적이기 쉬운 공간이고, 교사는 **'22살부터 권력자가 된다'라는 직업의 특수성**을 갖고 있다는 것입니다. 학교나 교실은 가정 이상으로 '세대 간 대물림'이 일어나기 쉬운 공간이 아닌가 하는 생각도 듭니다.

'교육'이라는 일은 때때로 자기 입장에 대한 착각을 낳습니다. 교육기관이나 교육과 관계된 조직에는 '내 입장이 상대보다 위'라는 생각이 무의식적으로 심어지는 곳입니다. 고찰이나 배려를 하지 않으면, 쉽게 '바람직하지 않은 분위기'로 급변하는 위험에 대한 충분한 사려가 필요합니다. 지금 여기서 되돌리지 않으면 몇 년 후, 몇십 년 후 학교의 조직문화는 지금보다 더 엄격해질 것을 상상하기 어렵지 않습니다.

교사 스트레스의 근원

교사라는 직업은 '감정노동'이 강하다고 알려져 있습니다. 감정노동은 육체노동이나 두뇌노동에 이은 세 번째 형태로, 사람과 직접적으로 접하는 일이 생업이 됩니다.

학교는 사람 없이는 시작되지 않습니다. 아이들에 대한 지도는 물론이고, 학부모나 관계기관과의 협력이나 연계가 필수입니다. 동료 교사와의 협동 관계, 선배에 대한 배려, 후배에 대한 직무교육 등 항상 사람과의 관계가 필수적인 일입니다.

따라서 교사에게는 '감정의 억제, 인내, 긴장감'이 항상 따라다닌다고 이해할 필요가 있습니다. 말하자면 **'스스로의 감정을 자제하는 사람이 교실을 제압한다'**는 것입니다.

그렇게 머리로는 이해하고 있지만, 실제로는 그렇게까지 마음에 여유가 있는 상황은 아니라고 말하고 싶은 분도 많을 것입니다. 감정을 흔드는 근원은 도대체 어디에 있는 걸까요?

프리 저널리스트 마에야 쓰요시(前屋毅, 2017)는 저서『블랙화하는 학교』에서 교사의 부담이 커지는 이유 중 하나로 '이거저거 다 최우선'이라는 압박이 있다고 파악합니다. 예를 들어, 왕따나 자살 건수가 역대 최고가 되었다는 통계에 따라 전문가 회의에서 '자살 예방, 왕따 대응을 최우선의 사항'으로 규정하는 제언을 정리합니다. 교사가 왕따 대응이나 자살 예방에 임하는 것은 당연한 일이지만, 그것이 수업 준비나 학교 행사를 '뒤로 미뤄도 좋다'는 것이 아니며, 수업 준비나 학교 행사도 최우선으로 남습니다. 교사 입장에서 보면 최우선 사항이 하나 늘어나고, 둘 늘어나고, 이것저것 죄다 최우선이 됩니다. 이렇게 최우선시하고 싶었지만 결국 '손이 다 못 미치는' 사정이 생긴다고 합니다.

마에야는 이 책의 '마지막에'에서 이렇게 말합니다.

교원으로서 보면, 이것저것 최우선이라고 떠맡고 있는 실정이다. 교원 수가 충분하다면 괜찮지만, 도저히 그럴 형편이 안 되는 곳이 학교다. 최우선이라는 말로 만족할만한 대응을 요구하더라도, 그것은 가혹한 이야기일 뿐이다. 그렇다고 해서, 그래서 대응하지 못해도 어쩔 수 없다로 끝낼 수 있는 문제도 아니다. (중략) 이 때문에 학교가 혼란스러워하는 것은 무리도 아니다. 혼란스러울 뿐만 아니라 학교의 블랙화를 가속화하는 것밖에 안 된다. **10**

나도 스스로의 감정을 통제할 수 있는 한계를 넘어, 학교 현장에 다양한 안건이 장맛비처럼 '쏟아져 내린다'는 것을 나날이 체감하고 있습니다.

예를 들어, 마에야도 예로 들었던 왕따 대책에 대해 말하면, 다른 학교에서 왕따에 관한 문제가 생기면 바로 교육위원회에서 '왕따에 관한 조사'를 하라고 통보가 옵니다. 한 사람 한 사람에게 심문 조사를 하기 때문에 그에 합당한 시간이 필요합니다. 또 설문 항목에는 '당신은 누군가로부터 싫은 소리를 듣거나, 당한 적이 있습니까?'와 같은 아이들의 관계성을 의심하는 내용이 담겨 있으며, 이것을 담임 스스로 전달해야 합니다. 당연히 교

10　마에야 쓰요시, 『블랙화하는 학교』 세이슌 출판사, 2017년, 185~187쪽

• 그림 12 •

'이거저거 다 최우선'이 현장을 몰아간다

실 분위기에 영향을 미칩니다. 아이들 중에는 '아무 잘못도 하지 않았겠지'라며 괜한 트집이라고 받아들이는 아이도 있을 것입니다. 결국 '조사를 받았다'라는 사실만 남습니다. 정작 해야 할 대처는 바로 아이들의 마음을 케어하는 것과 협동적인 학급 만들기를 통해 왕따를 예방하는 것이지, 조사를 하는 것은 아닐 것입니다. 의원이나 교육행정 등 학교를 감독하는 입장의 사람들의 체면, 자리보전, 보여주기식 등을 충족시킬 만한 '설문조사 하기'에 대해 석연치 않은 딜레마가 따라다닙니다.

이것은 다른 안건도 같은 방식입니다. '○○가 바람직하다' '○○하는 것이 요구된다'는 사안이 다수 있어, 그것들이 의무화됩니다. 그러나 그 대신에 아무것도 없어지지 않기 때문에 점점 늘어만 갑니다. '○○교육'이나 '○○한 배움'에 대해서도 마찬가지입니다. 앞으로 아이들에게 중요하다는 것은 알지만, 과거에 중요하다고 여겨져 온 일이 업무에서 빠지는 일은 없습니다. 이렇게 '아이와 마주하는' 본래의 업무에 할애되는 시간이 점점 줄어듭니다.

[그림 12]에 이미지를 보여드렸습니다. 마치 쏟아지는 '최우선'이나 '바람직함'의 비를 맞으며, 가득 쌓여있는 잔해에서 벗어날 수 없는 상황은 아닐까요.

• 그림 13 •

학교 일은 마치 '젠가'

(쓰지 · 초시, 2019, 42~43쪽을 바탕으로 그림, 새롭게 일러스트화)

무언가를 꺼내려고 하면,
거기에 부수적으로 얽히는 문제까지
끌려 나와 버리는…

무언가를 그만두는 것의 영향이 미치는 크기를 가늠할 수 없다.
전체의 그림을 읽을 수 없기 때문에 '무엇을 그만두는 것이 좋은지 모른다.'
무언가를 그만두는 것이 단기적으로는 일을 줄인다고 하더라도,
그 결과, 현장의 혼란으로 이어진다면, 일의 양은 이전보다도 훨씬 증가한다.
그래서 '시범적으로 이것을 그만두자'는 생각을 하기 어렵다.

학교 일은 '젠가'와 같다

학교는 사회의 요청에 부응하는 곳이라는 측면도 있습니다. 사회가 복잡화, 다양화될수록 요구되는 것도 커지고, 또 확대되어 갑니다. 여러 분야에서 각각 '바람직하다' '요구된다'라는 제언이 나오기 때문에 그에 대한 부대 업무가 늘어납니다. 결과적으로 교사 개인의 총업무량이 계속 늘어나는 것입니다. 쓰지 사즈히로(辻和洋)와 초시 다이스케(町支大祐)(2019)는 이런 학교의 모습을 마치 '젠가 같다'고 절묘한 예로 표현하고 있습니다.(그림 13)

젠가는 블록 타워를 무너트리지 않으면서 타워에서 블록을 하나씩 빼는 게임입니다. 빼내도 전체가 무너지지 않는 블록을 찾아내지 못하면 타워가 붕괴됩니다. 학교도 이와 마찬가지로 하나하나의 대처가 서로 복잡하게 얽혀 있어서, 무엇이 무엇에 영향을 미칠지 예상이 안 되고, 어떤 것을 빼야 할지 모르는 상황에 빠져 있다는 것입니다.

새로운 사건이 일어나면, 확인과 보고 업무가 더해지고, 사회 정세의 문화에 따라 바람직한 것이 더해지고… 이것이 반복되어 가는데도 과거의 업무를 제외하거나 줄이거나 하는 일은 없습니다. 지금 학교에서 업무의 '교통정리원'이 필요하다고 목청껏 호소하고 싶은 교사는 결코 저뿐만이 아니라고 생각합니다.

어쩌면 압박이 연쇄하는 발단은 학교로 오는 새로운 요청은 계속 증가하는데, 과거의 요청은 언제나 재검토되지 않는 것에 있는지도 모릅니다.

학교 본연의 필수적인 사항을 꼽는다면, 오직 하나 '아이를 긍정적으로 바꾸는 시간과 에너지를 확보하는 일'이라고 생각합니다.

과도한 요구도 × 자기재량도의 적음 × 교사 간 서포트 부재

정신건강에 관한 의학적인 스트레스 모델의 하나로 존슨과 홀이 1988년에 제안한 'DCS 모델'이 있습니다. 이에 따르면, 스트레스의 크기는 다음 3가지 항목의 조합으로 정해진다고 합니다.

① 일의 요구도(Demand)
② 자기재량도(Control)
③ 상사나 동료의 이해와 서포트(Support)

〔그림 14〕는 세 항목의 앞 글자를 따서 'DCS'를 도식화한 것입니다. 여기에서 보는 것처럼, 일의 요구도가 높고 자기재량도가 낮은 일에는 매우 강한 스트레스를 느끼게 됩니다. 거기에 더

· 그림 14 ·

정신건강을 이해하는 'DCS 모델'

일의 스트레스의 3대 요소
① 일의 요구도가 높은 일
② 자기재량도가 낮은 일
③ 상사나 동료의 이해 · 지원이 적은 일

**업무 재검토의
큰 포인트!**

http://www.seminarjyoho.com/article/setsuyaku/4494를 일부 개편

해 교무실의 분위기가 강압적이라면, 교무실에 있는 그 자체에 '마음의 한계'를 느끼게 됩니다.

중요한 것은 일의 요구도를 일시적으로 낮추고, 자기재량도를 높이는 것입니다. 그 후에 자기재량도에 맞는 형태로 일의 요구도를 서서히 높여가는 것입니다. 교무실에서 서로의 도움이 더해지면, 본래의 '희망을 가진 학교'를 되찾을 수 있을 것입니다.

아마 사회 전체에는 지금 바로 대폭적인 변화는 생기지 않을 것입니다. 그래서 4장에서는 우리 교사들이 교실 멀트리트먼트의 예방이나 개선을 위해 노력할 수 있는 '주변의 일'부터 생각해보고자 합니다.

4장

교실 멀트리트먼트의 예방

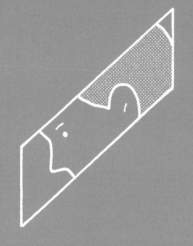

교실 멀트리트먼트의 근원은 무엇인가

앞장에서는 교실 멀트리트먼트가 왜 생기는지, 그 발생 메커니즘을 자세히 살펴보았습니다. 교실 멀트리트먼트의 배경은 첫째, 교무실에서 압박이 강한 교사가 영향력을 갖는 것, 둘째, 교사 자신의 자기방어적인 태도입니다. 게다가 그 두 요인에는 공통으로 어른들의 '불안'이 있고, 불안이 강한 교사일수록 '자신을 지키는 일'이나 '실패를 극도로 두려워하는 것'으로 이어진다는 것도 정리했습니다.

또한, 교사의 스트레스라는 관점에서도 교실 멀트리트먼트를 정리했습니다. 학교 현장에서는 과도한 요구도와 자기재량도 부족이 스트레스 가득한 직장환경을 조성하고, 교사의 내면에 있는 불안을 조장해갑니다. 그리고 교무실 내 교사 간의 약한 서포트(때에 따라서는 교사 간의 공격)가 더해졌을 때, 교실 멀트리트먼트가 가속화되기 쉬워진다는 점도 언급했습니다.

한번 번져버린 부정적인 분위기는 제로로 되돌리기까지 얼마만큼의 노력이 필요한지 가늠할 수 없습니다. 문제의 본질은 교실 멀트리트먼트 상태에 빠졌을 때 어떻게 탈출하느냐가 아니라 **교실 멀트리트먼트에 빠지기 전에 먼저 예방을 철저하게 하는 것입니다.** 이에 이번 장에서는 교실 멀트리트먼트를 어떻게 예방할지 구체적으로 알아보겠습니다.

'성공모델'의 추구를 재검토

교실 멀트리트먼트의 예방책 중 첫 번째는 '성공모델'을 추구하는 자세를 재검토하는 것입니다. 이것은 당장이라도 착수할 수 있지 않을까 생각합니다.

예를 들어, 각 학교에서 교내 연구가 이루어집니다. 연구 주제 중에 다음과 같은 키워드가 포함된 것은 없습니까?

- '○○한 아이의 육성'
- '스스로 ○○하려는 아이의 육성'
- '○○하는 아이를 목표로 한다'
- '아이에게 ○○시키려면'

이런 연구 주제가 바람직하지 않다는 것은 아닙니다. 그러나 그 주제가 어떻게 설정되었는가 하는 경위에 따라서는, 모르는 사이에 교사끼리나 아이들을 몰아갈 수도 있습니다.

'○○한 아이의 육성'이나 '스스로 ○○하려는 아이의 육성' 등의 주제가 설정되는 경우, 그 배경에는 대개 어른들이 개선하고 싶은 아이의 모습이 있습니다.

"우리 학교에는 말을 듣지 않는 아이가 많다. 그러니까 연구 주제는 '말을 잘 듣는 아이 육성'으로 하자"거나 "이 학교는 수동적인 아이가 많다. 그러니 '자발적으로 행동하는 아이의 육성'은 어떤가?"라는 식입니다. 교내의 교사가 모두 매우 중요한 과제라고 느끼는 경우에는 아무런 주저 없이 이런 연구 주제가 채용됩니다. 그런데 여기에 큰 함정이 있습니다.

연구란 원래 대상이 되는 아이들을 보다 잘 이해하기 위해서 혹은 교사의 교수 행동을 보다 높이기 위해서 하는 것이지 **상대를 변화시키기' 위해 행해지는 것이 아니기** 때문입니다. 미세한 것일 수도 있지만, 아무래도 학교라는 곳은 '상대를 변화시키자'는 위로부터의 조직적인 과제가 있습니다. 교실 멀트리트먼트를 예방하기 위해서는 그러한 작은 사항을 하나하나 재검토하는 것이 중요하다고 생각합니다.

'○○한 아이의 육성'이라는 대의명분 아래 '단기간에 아이를 변화시키고 싶다'는 교사들의 일방적인 속셈을 밀어붙이는 일은 없습니까? 그리고 그중 상당수는 연구로서는 겉돌고 있어서 결국 뚜렷한 방향성을 찾지 못했다는 결과에 빠지는 것은 아닐까요? 생각해보면 아이를 변화시키려는 목적에서의 시작이었기 때문에, 연구의 결과를 얻지 못한 것은 당연합니다.

그래도 어떻게든 연구로서의 체면을 갖추려고 한 나머지, 반강제로 연구의 성과를 정리하기로 되어 있지 않습니까? 이런 과정을 거치면 최종적으로 '연구는 의미가 없다'고 하는 교내의 반발을 키울 수도 있습니다.

교내 연구에 'ㅇㅇ하지 못했던 아이가 ㅇㅇ할 수 있게 된다'는 모델을 대입하는 것은 상당한 무리가 있습니다. 그에 대해 무비판적으로 진행되는 연구는 어른도 아이도 고생하게 됩니다. 다시 말하지만, 연구 주제 그 자체를 부정하는 것은 아닙니다. 그러나 그 주제 설정이 오히려 현장을 괴롭히는 일로 이어지지는 않았는지 재검토할 필요가 있습니다.

교육위원회의 프로젝트 연구나 자율 연구 등에 대해서도 같은 말을 할 수 있습니다. 그중 상당수는 '성공모델'이 요구되고 있을 것입니다. 어느 지자체의 프로젝트 연구에 종사했을 때 책임자가 '교육위원회에서 추진하고 있으니까 실패할 수 없다'라고 하는 말을 들은 적이 있고, 지금도 그 말은 기억에 강하게 남아 있습니다. **'목표는 성공 이외는 있을 수 없다'는 생각 자체가 교육이라는 일의 참다운 맛을 단숨에 잃게 한다**는 것은 말할 것도 없습니다.

아이를 쉽게 바꾸려는 교사, 그 위에 현장을 통제하려는 관리자가 있는 성공모델의 밀어붙이기식 구조는 교실 멀트리트먼트의 원인 중 하나라고 해도 결코 과언이 아닐 것입니다.

실상을 감안하지 않고 성공모델에만 얽매인 교육청이 추진하는 프로젝트 연구의 대부분은 평소의 수업 연구로는 도저히 불가능한 수준의 막대한 시간과 에너지가 소요됩니다. 그리고 그렇게 관계자들이 고생한 끝에 만들어진 것은 매뉴얼이 되어 '이렇게 하면 잘 된다'라는 듯이 지역 내의 모든 학교로 퍼지게 됩니다. 그 내용이 아무리 허술하다고 해도 나중으로 미룰 수 없는 일로 취급됩니다.

성공모델에 집착한 학교는 정말 비극적입니다. 본래 학교는 아이들에게 안전하게 실패할 수 있고, 몇 번이나 다시 시도하는 것을 응원하는 곳이어야 합니다. 하지만 아쉽게도 지금의 학교는 그런 여유까지는 없는 것 같습니다. 교내 연구에만 국한되지 않습니다. 운동회 등의 체육행사나 문화제, 발표회, 합창대회 같은 문화행사, 동아리 활동, 모든 교육 활동에 성공모델이 요구됩니다. 마치 '성공'이라는 이름의 개미지옥에 스스로 빠져드는 듯한 인상마저 듭니다.

현장에서는 너무 큰 일은 바꿀 수 없습니다. 우선은 아이들에게도 교사에게도 실패가 허용되지 않는 분위기가 되어 가는 것을 막기 위해서도, 지금 한번, 연구 주제 설정과 같은 구체적인 차원부터 신중하게 검토하는 것이 중요하지 않을까요?

확실히 바꿀 수 있는 것부터 시작한다

'어떻게 교내 연구의 주제를 재검토하는 것이 교실 멀트리트 먼트의 예방이 될까?' 하고 의아해할 수도 있습니다.

학교라는 시스템은 사람에 의해 만들어지고, 사람이 움직이고 있습니다. 교직을 목표로 했을 때는 이 일에 동경을 품고, 미래 사회를 짊어질 아이들을 기르는 존귀한 일이라고 믿어 마지 않았을 텐데, 시간이 흐르면서 어느새 멀트리트먼트 같은 지도에 푹 빠져버렸습니다. 희망 가득한 사람들이 교사가 되어 평범하게 일한다면, 학교는 누구나 즐겁고 안심하고 다닐 수 있는 곳일 텐데, 그러지 못한 것은 학교라는 시스템에 문제가 있기 때문입니다.

그러나 그 시스템을 만드는 것 또한 사람이라는 사실을 잊어서는 안 됩니다. 교사 한 사람 한 사람의 시점, 사고, 행동이 변하지 않으면, 학교라는 시스템을 바꿀 수 없습니다.

사람이 바뀌려면 무엇이 필요할까요? 그것은 문제를 '내 일'로 받아들이고, 확실히 내(우리) 손으로 바꿀 수 있는 것부터 시작하여, 스스로 '바꾸는' 것입니다. 그 첫걸음이 바로 교내 연구의 주제 재검토입니다. 여기서부터 시작해야 성공모델에만 얽매이기 쉬웠던 학교의 이상향에 다가갈 수 있지 않을까 생각합니다.

사람의 불안은 복합적입니다. 작은 문제들이 연쇄적으로 일어나고 복잡하게 얽혀 생깁니다. 교실 멀트리트먼트에 대해서도 그것을 정리하고, 교사의 불안에 내재된 본질을 파악할 필요가 있습니다.

그리고 문제의 확실한 해결을 위해서는 논점을 지나치게 크게 만들지 않는 것도 중요합니다. 예를 들면, 같은 문제의식을 느끼고 있는지 아닌지 모르는 애매한 채로, 갑자기 '인권'이라는 말로 교실 멀트리트먼트가 회자되면 '맞아, 그런 이상한 선생, 있어' 하면서 '남의 일'이 되어버립니다. 문제가 있는 일부 교사가 아닌, 누구나가 직면하고 있는 문제로, 스스로 확실히 바꿀 수 있는 부분부터 시작하는 것이 포인트입니다.

그렇게 문제를 하나씩 떼어내 구체적으로 정리해나가다 보면, 학교에는 교내 연구뿐만 아니라, 아이의 실태나 요구와 동떨어진 '성공모델 밀어붙이기'가 산적해 있다는 것을 알 수 있습니다. 그 예가 교칙이나 학급 규칙 같은 것입니다.

의심 없이 계속되는 일에 사실은 교사 자신도 괴로워하고 있습니다. 또한, 아이들이 그 틀에서 벗어나는 모습에 애가 타서 교실 멀트리트먼트에 이르게 됩니다. 이것을 재인식한 후에 자기(우리)가 확실하게 바꿀 수 있는 것부터 시작하는 것을 목표로 해나갈 필요가 있습니다.

아이의 성장은 '속성재배'가 아니다

교내 연구 주제의 재검토를 출발점으로 삼아, 이번에는 교사의 '지도관'에도 접근해봅시다.

'연구 주제로 내세웠으니까 아이도 변할 것이다'라고 생각하는 것은 어른들의 터무니없는 계산입니다. 애당초 아이는 속성재배로 자라지 않습니다.(김대룡. 2016) 그런데도 아이들의 '부족한 부분'을 집어내서 고치고, 바로잡고, 바꾼다는 발상에 서 있는 것은 우리 교사들이 언제나 '위'의 입장이며, '아이들을 통제할 수 있는 존재'라고 생각하기 때문이 아닐까요?

그런 의식이 강하게 느껴지는 것이 '~시킨다'는 말입니다. 교무실에서의 대화 중에 '아이에게 ~시킨다'나 '그것은 아이에게 시키면 된다'라는 말이 주저 없이 난무하지는 않습니까?

이러한 '상대를 통제할 수 있다'는 지도관 아래의 연구는 모두 안타까운 결과로 끝납니다. '상대(아이)에게 무언가를 시킨다'는 것을 목표로 하는 것이 아니라, 우리 교사가 '아이에 대한 이해를 높이기 위해서 무언가를 한다' 혹은 '기존의 지도관을 뒤집기 위해서 무언가를 한다'는 지향점이 아니라면 무의미합니다.

[그림 15]와 같이, 아이들은 모두 '별사탕' 같습니다.(도쿄 초등학교 학급경영연구회, 2010) 어느 아이도 완벽한 구체는 아니며, 다소나마 울퉁불퉁한 부분이 있습니다. 어른들이 보기에 '고치고 싶은 점(가시)을 뽑는다'는 발상 자체에 이미 잘못이 있다고 할 수 있습니다. 울퉁불퉁한 부분은 바로잡는 것이 아닙니다. '새롭게 발견한 것들로 여백을 채워나간다'는 발상으로 아이의 성장에 다가가는 자세가 필요합니다.

학교에서는 어른이 생각하는 '테두리'에 무리하게 끼워 넣거나, '틀'에 억지로 맞추려고 하는 일은 없겠지요. 자신의 지도관을 다시 살펴보고, 오류가 있으면 그것을 적극적으로 뒤집는 용기를 갖는 것도 교실 멀트리트먼트를 예방할 수 있습니다.

프로크루스테스의 침대

그리스 신화에 '프로크루스테스의 침대'라는 이야기가 있습니다. 프로크루스테스는 거리에 출몰한 산적의 이름입니다. 프로크루스테스는 지친 나그네에게 '침대가 당신에게 딱 맞는다면 그 자리에서 쉴 수 있다'고 유혹합니다. 그러나 침대는 두 종류

· 그림 15 ·

아이들은 모두 '별사탕'

(도쿄 초등학교 학급경영연구회, 2010, 85쪽을 일부 개편)

어른 입장에서 보면
'고치고 싶은 점(가시)을 뽑는다'는
발상이 되기 십상

'새롭게 발견한 플러스면에서
여백 · 성장을 기른다'
라는 발상을 갖는다.

마이너스 사고

이상적인 어린이상
– 실제 어린이상

플러스 사고

실제 어린이상
+ 새로운 발견

가 있는데, 몸집이 큰 사람에게는 작은 침대를, 몸집이 작은 사람에게는 큰 침대를 사용하게 합니다. 그리고 나그네가 커서 침대에서 튀어나오면 튀어나온 부분을 잘라내고, 나그네가 작으면 잡아당겨 찢었다고 합니다.

결코 맞을 리 없는 침대에 인간을 올려놓고, 억지로 침대에 맞춰 목숨을 빼앗았다는 신화는 구전되어 '사람은 자신의 기준에 억지로 상대를 맞추려고 하는 점이 있다'는 하나의 교훈을 줍니다.

'프로크루스테스의 침대'에서 얻을 수 있는 교훈은 아이를 바라보는 어른의 올바른 관점을 되돌아보는 계기가 되기도 합니다. 교육 현장에서는 교사의 가치 기준이나 틀을 상대에게 강요하는 듯한 '프로크루스테스의 침대'적인 사고방식이 숨어 있습니다.

'아이를 이해한다'는 말을 할 때도 알게 모르게 어른들이 자기의 견해를 과신하고, 그 기준에 아이의 모습을 꿰맞출 수도 있습니다. 그리고 그 기준에 맞게 상대가 바뀌기를 지나치게 기대하는 경향도 있습니다. '프로크루스테스의 침대' 이야기는 교육 관계자들이 빠지기 쉬운 사고방식에 경종을 울린다고 할 수 있습니다.

오늘날 발달심리학의 기초를 쌓은 장 피아제는 '대다수 사람에게 교육이란 아이들을 그 속한 사회의 전형적인 어른에 가까운 것으로 만들어내는 것을 의미한다'고 말하며(콜린, 2013), 교육이라는 행위에 숨겨진 어른들의 형편에 맞추려는 본질적인 과제를 간파하고 있습니다.

학교는 본래 '예상외의 일이 일어날 수 있는 장소'입니다.

아이는 본래 '우리 어른들이 본 적이 없는 미래를 손에 넣을 수 있는 존재'입니다.

그것들을 모두 껴안고, 아이들과 함께 배우고 자라는 것을 즐길 수 있는 사람이 아니라면 교사로 적합하지 않습니다.

우리 교사들에게는 '내 사정' '내 기준' '내 예상'을 절대시하지 말고, 그 기준을 넘는 아이의 등장이나 틀에 박히지 않는 에피소드가 생기는 것을 기꺼이 받아들이는 자세가 항상 필요하지 않을까요?

교사 또한 틀에 맞춰진다

앞에서 얘기한 바와 같이 '자신의 개인적인 견해에 상대방을 맞추려고 한다'거나 '맞지 않는 것은 인정하려고 하지 않는다'는 것은 교실에서 교사와 아이의 관계에서만 그치지 않습니다. 교사 또한 교육행정이나 관리자로부터 상정된 기준이나 틀에 무리하게 적용되고 있습니다. 그 사실을 매우 강하게 느끼게 하는 것이 각 지자체의 교육위원회에서 나타내고 있는 '바라는 교사상, 이상적인 교사상'입니다.

전직 교원으로 현재는 강연이나 저술에 종사하는 아사히나 나오(朝比奈なを, 2020)에 따르면, 각 교육위원회가 목표하는 이상적인 교사상에는 '사명감' '숭고함' '긍지' '기개' 같은 비범한 말이 다수 포함되어 있어서, 전직 교사임에도 부담감에 떨리는 마음을 금할 수 없었다고 합니다. 그리고 그것들이 너무 강조되면 '자기희생도 긍정하는 분위기'가 교원 사이에 생길 우려가 있다고 합니다. 또 '조직의 일원'이라는 말이 강하게 표출되고 있으며, 그것이 개개인 교사의 창조적인 발상의 규제로 이어진다는 불안감도 있음을 시사하고 있습니다.

아사히나는 이러한 '바라는 교사상, 이상적인 교사상'이 도대체 어디에서 떠올랐는지에 대해서도 상세한 취재를 했습니다.

각 교육위원회는 '바라는 교사상, 이상적인 교사상'을 바탕으로 연수계획을 세우고, 연령대나 교사 경력 등의 라이프 스테이지[11]별로 교사에게 요구하는 자질이나 능력을 폭넓고 상세하게 정해놨습니다. 그 내용은 2011년에 정리된 국립교육정책연구소의 '교원의 질 향상에 관한 조사연구 보고서'의 제4장 '우수 교원의 역량형성에 관한 조사연구'와 연관되어 있다고 서술하

---

11 인생의 연령별 생활 기반에 의한 구분 (옮긴이 주)

고 있습니다.

우수교원의 문부과학대신 표창은 2006년도부터 행해져 왔습니다. 이 조사는 우수교원으로 선발된 경험이 있는 223명(초등학교 89명, 중학교 88명, 고등학교 46명)에게 앙케트 및 취재를 실시했습니다. 질문 항목은 ① 교직 경험이 초임부터 5년 미만, ② 5년 이상에서 15년 미만, ③ 15년 이상으로 분류하고, 각 라이프 스테이지에서의 경험에서 도움이 된 점이나 이상 실현을 위해 노력하는 점 등을 묻는 것이었습니다. '이 우수교원의 라이프 스테이지가 이후의 교육개혁에서 제창되는 교원생활을 통한 자질 · 능력의 향상, 교사의 라이프 스테이지의 모델이 되었다고 짐작할 수 있다'고 서술하고 있습니다.[12]

우수교원으로 선발된 분의 자질이나 능력에 대해서는 의심할 여지가 없다고 생각하지만, 문제의 본질은 한정된 기준으로 선정된 일부 우수한 층의 체험만을 근거로 '이상적인 교사상'을 방향 짓고, 라이프 스테이지가 상정되어 버린다는 데 있습니다.

통상적인 조사라면, 대상자를 무작위로 추출하여 모든 층의 의견을 폭넓게 수렴합니다. 하지만 이 방법으로 모인 결과를 라이프 스테이지에 그대로 맞춰가는 방식으로는 지도층이 말한 대로, 시킨 대로 하면, 어떤 교사도 성공할 것이라는 성공모델을

---

12 「우수교원」 조사연구에 관한 상세는 아사히나 나오, 『교원이라는 일: 왜 「블랙화」한 것인가』 아사히신문출판, 2020년, 81~88쪽 참조

강요하는 것과 같은 구도가 됩니다.

지자체에서 구체적으로 제시하는 '바라는 교사상, 이상적인 교사상'의 내용 대부분은 '이걸 모두 요구한다면, 현장은 도저히 헤쳐 나갈 수가 없겠네'라고 강하게 느낄 것입니다. 혹은 '그만큼의 기대에는 부응할 수 없다. 했다는 시늉만 하고, 아무 말도 안 나오게 하자'라고 생각하는 사람도 있을 수 있습니다. 또 앞으로 교사를 목표로 하려는 사람도 '이런 답답한 업계는 용서할 수 없다'고 느낄지도 모릅니다.

라이프 스테이지에 대해서도, 교사 중에는 가정형편이나 건강에 따라 교사 인생을 순탄하게 살지 못 한 사람도 있을 텐데, 그에 대한 배려는 전혀 없습니다. 능력이나 각각의 사정을 초월한 과도한 기대나 요구는 정말 고통스러운 것입니다. 제시된 라이프 스테이지의 내용은 실제와 큰 괴리를 느끼지 않을 수 없습니다.

성공모델의 강요나 '프로크루스테스의 침대' 에피소드는 사실 국가나 지자체의 교육위원회, 관리자 등 매니지먼트 층에서 현장 교사를 향한 것이기도 합니다. 그리고 그 스트레스 상황이 교사로부터 아이들에게도 향하게 된다면…. 교실 멀트리트먼트는 이러한 '악순환'의 결과로 생겨나고 있는 것은 아닐까 하고 생각하지 않을 수 없습니다.

'인지편향'이 부과하는 과도한 기대와 요구

능력을 넘어선 과도한 기대와 요구가 고통스럽게 느껴지는 것은 어른뿐만이 아닙니다. 아이도 마찬가지입니다. 오히려 교실에서는 교사와 아이의 종적인 관계가 강한 만큼, 아이들이 도망갈 곳이 없는 상황에 몰렸을지도 모릅니다.

예를 들어, 지도 상황에서 '학년'을 거론할 때는 충분한 주의가 필요합니다.

"○학년인데, 이런 것도 못 해!"
"○학년이면, 이 정도 하는 게 당연한 거야!"
"고학년이니까, 더 정신 차려!"
"너, 그렇게 해서 졸업이나 하겠니."

이런 발언은 전부, '○학년이라면 이 정도는 할 수 있다'라는 교사의 '인지편향'(cognitive bias)에 따른 것으로 정리할 수 있습니다. 인지편향은 편견, 선입견, 일방적인 믿음, 오해 등 '잘못된 시각'을 폭넓게 지칭하는 용어입니다. 아이 한 사람 한 사람의 실태는 다채롭고, 간단하게 학년으로만 나눌 수 있는 것이 아님에도 불구하고, 교사 자신의 과거나 지금까지의 지도 경험, 만나온 아이들에게서 스테레오 타입으로 '○학년이라면, 이 정도

하는 게 당연한 거야!'라는 인지편향이 생깁니다. 이러한 선입견에 근거한 아이 이해는 아이들에게도 고통스러울 뿐만 아니라, 교사에게도 점점 더 '자신의 견해·사고방식이야말로 옳다'라는 생각에 빠지게 하고, 잘못된 성공 체험으로 이어질 위험성도 있습니다.

보통의 학급에서 비록 같은 학년이라도, 개개인의 아이 수준에는 큰 '차이'가 있습니다. 그러면 어느 정도 차이가 날까요? 그 차이를 구체적으로 파악하기 위해 여기에서는 편의상 WISC나 비네 등의 심리검사에서 나타나는 지능지수(IQ)를 사용하겠습니다. 단, 오늘날 국제사회에서는 '지능지수가 인간의 전부를 결정하는 것은 아니다'라는 생각에 따라, IQ의 수치만이 절대적이지 않도록 경고하는 움직임이 강해지고 있음을 덧붙여 말합니다. 여기에서는 편의적으로 실태 차이의 크기를 '가시화'하기 위해 잠정적으로 IQ 개념을 이용하겠습니다. 새로운 꼬리표나 낙인 등의 인지편향으로 이어지지 않도록 신중한 배려가 필요합니다.

심리조사에서는 IQ 70을 인지발달 지연의 기준으로 삼고 있습니다. '지적인 지연은 없습니다'라고 말하는 경우는 'IQ 70을 밑돌지 않는다'는 의미입니다. 학급에는 IQ 70 정도의 어린이가 있습니다. 또 상한에 대해 말하자면, 일본에는 월반제도가 없기 때문에 실제로는 IQ 130 이상의 매우 높은 인지발달 수준의 아이라도 해당 학년의 교육과정에서 배우게 됩니다.

이 차이를 좀 더 구체적으로 '연령'으로 환산하여 수치화해보
겠습니다. 잠정적으로 학급에는 IQ 70~130의 아이가 있다고
합니다. 그러면 초등학교 1학년 입학 시점에는 실제 연령은 모
두 6세지만, 학급 전체의 정신발달 차이는 '약 4~8세'의 폭이
있음을 알 수 있습니다.

IQ 70 : 6세 × 70%

= 정신발달 연령은 4.2세(약 4세)에 해당

IQ 130 : 6세 × 130%

= 정신발달 연령은 7.8세(약 8세)에 해당

초등학교 4학년이 되면 그 차이는 더 커집니다. 실제 연령은
10세지만, 학급 전체 실태의 차이는 대략 '7~13세' 폭이 되는
것을 알 수 있습니다.

IQ 70 : 10세 × 70%

= 정신발달 연령은 7세에 해당

IQ 130 : 6세 × 130%

= 정신발달 연령은 13세에 해당

중학교 3학년이 되면 차이가 더 커집니다. 실제의 연령은 15세지만, 학교 전체 실태의 차이는 '약 11~20세'의 폭이 되는 것을 알 수 있습니다.

IQ 70 : 15세 × 70%
= 정신발달 연령은 10.5세(약 11세)에 해당
IQ 130 : 15세 × 130%
= 정신발달 연령은 19.5세(약 20세)에 해당

이처럼 정리해보면, 같은 학년이라고 해도 개개의 아이 실태에는 차이가 있음을 알 수 있습니다. IQ라는 하나의 잣대로 정리한 것만으로도 다음과 같이 말할 수 있지 않을까요?

초등학교 1학년 학급에는 '약 4세'의 차이가 있다.
초등학교 4학년 학급에는 '약 6세'의 차이가 있다.
중학교 3학년 학급에는 '약 9세'의 차이가 있다.

[그림 16]은 학급 실태의 차이에 대해서 IQ 개념을 사용하여 가시화한 것입니다. 'ㅇ학년이라면 이 정도는 할 수 있다'는 생각 자체가 잘못됐다는 것을 알 수 있지 않은가요? 일반 학급을 담임하는 경우라도, 학급을 구성하는 아이들에게는 실태의 차

• 그림 16 •

학급의 실태에는 항상 '폭'이 있다

보통의 학급에는 IQ 예상치 **70~130** 전후 범위의 아이가 있다고 가정하면,
실제로는 폭을 가진 '발달의 단계'를 상정하고 있는지가 핵심이다.

이 폭은 고정적이지 않고
학년이 올라갈수록
격차가 커진다

15±4.5세의 폭

중3

중2

중1

초6

12±3.5세의 폭

5±1.5세의 폭

초5

초4

10±3세의 폭

초3

초2

8±2.5세의 폭

초1

항상 폭이 있다고
의식한다

이가 존재하고 있음을 상정해두어야 합니다. 초등학교 입학 직후의 1학년이라면, 전원을 6세 집단으로 볼 것이 아니라, 4~8세까지의 발달 차이가 있다고 볼 필요가 있습니다.

이런 것을 생각해본다면, 학급에 천천히 배우는 아이가 있는 것은 당연하다고 이해할 수 있습니다. 지시를 한 번에 이해하는 것이 어렵거나, 행동이 느리거나, 어휘력이 부족하는 등 이런 상황이 많은 아이를 '슬로우 러너'(학습지진아)라고 부르는 경우가 있습니다.

슬로우 러너는 결코 게으른 것도 아니고 장난치는 것도 아닙니다. 오히려 학급에서 가장 열심히 하는 아이라고 말할 수도 있습니다. 그리고 그들에게 나이에 맞는 사고나 행동을 요구하는 것은 능력을 넘어선 과도한 기대나 요구를 하는 것과 같고, 실태에 맞지 않은 부적절한 행위, 즉 멀트리트먼트로 이어진다는 것을 충분히 이해할 필요가 있습니다.

애당초 '보조'는 맞지 않는다

학교에는 '보조를 맞춘다'라는 말이 뿌리 깊게 남아 있습니다. 애당초 아이들의 성장 흐름에는 편차가 있는데도, 매우 답답해하면서 무리하게 맞춰나가는 것이 지금 학교의 어려움으로 이어지는 것 같기도 합니다.

'보조를 맞추고 싶다'는 생각의 뒷면에는 '다른 학급이 하는 일을 우리 학급은 못 하는 것처럼 보이지는 않을까?' 하는 불안 감이 깔려 있습니다. 또한, 옆 학급이 눈에 띄게 성장한 것처럼 보이면 '나도 열심히 지도하고 있는데, 아이들이 따라오지 않는 다' 하는 책임 소재 전가도 생기기 쉽습니다.

방법을 일률적으로 한다는 발상의 '보조를 맞춘다'는 것은 교 실에 무력감을 가져옵니다. 그리고 아이를 '틀에 맞추려는' 교 육에 빠집니다.

개개인의 아이 실태에는 차이가 있습니다. 각각을 빛내는 방 법에도 차이가 있는 게 당연하다는 사실을 염두에 두고 있느냐 가 교실 멀트리트먼트를 미연에 방지하는 데 중요한 열쇠입니 다. 아이를 보는 교사의 시각이 다각화되면서 대응을 위한 옵션 이 갖춰지기 때문입니다.

아이 이해는 지식의 전수가 아닌 '체질 개선'

교실 멀트리트먼트를 예방하기 위해서는 교사에게 내재된 불 안의 내용을 밝히고, 그것을 하나씩 해소해나가는 것이 중요합 니다. 지금까지 서술했던 교실 멀트리트먼트의 예방책을 정리해보겠습니다.

① 아이를 바꾸는 것이 아니라, 자신을 유연하게 바꾼다.
② 어른들의 사정으로 정해진 틀에 무리하게 적응시키지 않는다.
③ 자기 손으로 확실하게 바꿀 수 있는 것부터 시작한다.
④ 생각이나 선입견으로 행해져 온 지금까지의 '아이 이해'를 재검토한다.
⑤ 실태나 능력을 넘어선 과도한 기대나 요구를 부과하지 않도록 한다.

이 중에서도 특히 ④의 '아이 이해'에 관한 정보는 아직 올바르게 전달되고 있다고 할 수는 없습니다. 아이의 부적응 대부분은 실제는 어른들의 몰이해와 오해로부터 생기고, 교무실 내 대립의 상당수도 아이 이해의 '지식격차'에서 비롯됩니다.

아이 이해는 연수 등을 통한 단순한 '지식의 주입이나 전달'로는 전혀 진척되지 않습니다. 그 이전에 아이로부터 배우는 자세를 계속 갖는 교사가 된다는 이른바 '체질 개선'이 필요합니다. 따라서 실제 교실에서 기능하게 하려면, 앞서 설명한 ①~⑤는 세트로 생각해야만 합니다.

보디 이미지

선입견이나 오해에 바탕을 둔 아이 이해는 매우 위험합니다. 가장 대표적인 예로 꼽히는 것이 수업 중 흐트러지는 자세에 대한 오해입니다. 이는 주로 신체감각 발달의 차질, 즉 보디 이미지(body image)의 미성숙에서 유래한 바가 크지만, 아직 그것을 이해하는 교육관계자는 많지 않습니다. 단순하게 가정의 훈육이나 양육 방법의 문제로 규정하거나, 학습의욕의 결여나 좋지 않은 수업 태도라고 '마음가짐'의 문제로 생각하는 경우가 적지 않습니다.

보디 이미지는 자기 신체 위치의 이해, 움직임 조절의 기초를 이루는 것입니다. 학문적인 입장의 차이나 주장하는 사람에 따라 여러 가지 정의가 있기 때문에 여기에서는 알기 쉽게 '자기 신체에 대한 인식'으로 해두겠습니다.

몸의 감각적인 발달로 우리는 눈을 감고 있어도 손이나 발끝의 대략적인 위치를 이미지화하거나, 어느 정도의 힘이면 상대방에게 불쾌감을 주지 않을 수 있는지를 생각할 수 있습니다.

또한, 혼잡함 속에 다른 사람과 부딪히지 않게 걸을 수 있고, 우산을 쓰고 다른 사람과 부딪히지 않도록 스쳐 지나갈 수 있고, 우산을 기울여 상대방이 지나가기를 기다리는 등의 행동을 할 수 있는 것도 보디 이미지가 발달했기 때문입니다.

만약, 주변에 상대방과 거리가 너무 가깝거나 서투름, 난폭, 대충, 억지로 보이는 행동을 하는 아이가 있다면, 그러한 행동의 배경에는 보디 이미지의 미성숙이 있을지도 모릅니다.

작업치료사 기무라 준(木村順)에 따르면, 보디 이미지는 다음과 같이 길러진다고 설명합니다.

자기 신체에 대한 인식은 우선 중력에 대한 '자세 기울기'의 정보가 뇌에 전달되는 것부터 시작됩니다. 거기에 자신의 '지위'(팔이나 발의 위치)나 '힘을 주는 정도, 빼는 정도' 혹은 '운동의 방향, 가속도' 등에 대한 정보가 더해집니다.

그리고 그 정보들을 뇌에서 통합시키면, 다음과 같은 것을 인식하기 쉬워집니다.

① 내 몸의 '윤곽'

② 내 몸의 '크기'

③ 내 몸의 '기울어진 정도'

④ 힘의 '들어가는 정도'

⑤ 손발이나 손가락 등의 관절의 '구부리는 정도' 등

그와 동시에 자기 행동이 주위에 어떤 영향을 미치는지도 이해할 수 있게 됩니다.

이러한 일련의 프로세스를 '보디 이미지의 형성'이라고 부릅니다. 일반적으로 기본적인 보디 이미지는 6세 전후로 형성된다고 알려져 있습니다. 보디 이미지 형성에 실패하면, 자기 신체에 대한 인식이 잘되지 않습니다. 그리고 그로 인해 다양한 동작·행동상의 부적응이 일어납니다. 부적응의 대표적인 예는 '움직임의 어색함'이나 '서투름'입니다. 학교생활에서도 물건을 자주 떨어뜨리고, 사람이나 출입문에 잘 부딪히고, 부딪힌 것도 좀처럼 알아채지 못하고, 옷 갈아입기나 소지품 정리 정돈에 시간이 걸리고, 체육이나 악기 연주나 손끝을 사용하는 작업 등에 서툴다는 생각이 드는 모습을 보입니다.

게다가 자세 유지나 대인적인 거리두기의 어려움이 보디 이미지의 실패에서 유래하는 예도 많이 볼 수 있습니다. 수업 중 책상에 상반신이 널브러진 '언뜻 보면 칠칠치 못하게 보이는' 자세가 되는 경우가 많거나, 서 있어도 어딘가에 기대는 경우가 많거나, 상대방과의 거리가 너무 가깝다는 사실을 깨닫지 못하는 모습은 보디 이미지가 미성숙했음을 보여주는 것입니다.

수업 내용이나 과제에 서투른 감정이나 불안을 느꼈을 때, 거기에 가담하지 않으려는 모습이나 필사적으로 얼버무리고 넘어가려는 모습도 보디 이미지가 미성숙한 것과 관련 있을 가능성이 있습니다. 아이 자신은 '서툴다'는 것 자체를 자각하지 못하는 경우도 많고, 그 때문에 "무리야" "귀찮아" "피곤해" "이런 것은 의미가 없어" "해도 소용없어"라는 말로 그 자리를 얼버무리기 쉽습니다.

이런 언동에 대해서도 '의욕이 없다' '태도가 나쁘다'라는 잘못된 평가에 빠지지 않도록 하는 것이 교육관계자나 어른들에게 요구됩니다. 인지편향을 경감시키기 위해서는 보디 이미지가 미성숙 된 아이를 이해하는 '올바른 기준'을 가질 필요가 있습니다.

'몰이해'와 '오해'는 멀트리트먼트로 이어지기 쉽다

아이의 부적응은 주위의 '몰이해'와 '오해'에서 비롯됩니다. 교무실에서의 심리적 대립도 지식과 이해의 '격차'에서 나옵니다. 이제 다시, 아이를 어떻게 보고 어떻게 행동하는지를 돌아보는 대처가 필요합니다.

예를 들어, 중학교나 고등학교 교실에서 노트를 펼치지도 않고, 책상에 계속 엎드려 있는 학생이 있습니다. [그림 17]과 같은 모습에 대해 우리는 어떻게 보고, 어떻게 행동했습니까? 지금까지 '의욕이 없다' '태도가 나쁘다' '자각이 부족하다' 같은 학생 마음의 문제로 치부하는 일이 많았던 것 같습니다. 이 '마음의 문제'라는 기준으로 아이를 이해하려고 하면, '게으르다, 땡땡이 부리고 있다'는 평가를 내리기 쉽습니다.

• 그림 17 •

엎드려서 수업 참여를 피하는 학생을
어떻게 볼 것인가?

(가와카키, 2010, 49쪽을 새롭게 일러스트화)

물론, 이 기준이 곧 좋지 않다는 것은 아닙니다. 만일 정말로 마음의 문제라고 판단했다면, '하든 하지 않든 상관없이 받아들이는' 존재 승인의 마인드로 생각을 바꾸고, 다음에 아이가 '할게요'라고 할 때 '바로 칭찬하는' 태도를 계속 유지하면, 아이도 그 기대에 부응하려는 마음을 갖기 때문입니다. 하지만 현실은 그렇지 않습니다. 그들의 모습에 '체념'하는 교사도 적지 않습니다.

　야마다 요이치(山田洋一, 2019)는 이러한 시각을 뒤집는 것부터 시작해야 한다고 말합니다. 그리고 '잘하면 칭찬한다'는 것은 이제 그만두는 편이 좋습니다. '잘하면 칭찬한다'라는 성과 승인으로는 그들을 칭찬할 타이밍은 영원히 오지 않는다고 강하게 말하고 있습니다.

학습성 무력감

　〔그림 17〕과 같은 모습에서는 확실히 '의욕이 생기지 않는다'는 무기력을 느낍니다. 하지만 그 배경에는 어쩔 수 없는 사정이 있습니다. 열심히 노력해도 모르겠다, 잘되지 않는다는 경험이 쌓이면, 사람은 결국 '열심히 하지 않게 된다'는 것입니다.

　이러한 상황을 미국의 심리학자 마틴 셀리그먼(Martin Seligman)

은 '학습성 무력감'(learned helplessness)이라고 부릅니다. 학습성 무력감이란 자신의 행동이 결과를 수반하지 않는다는 것을 여러 번 경험하다 보면 무슨 일을 해도 무의미하다고 생각하게 되고, 설령 결과를 바꿀 수 있는 상황이라도 스스로 행동을 할 수 없는 상태를 말합니다.(이시케, 石毛, 2009)

사람은 모두 자신의 작용에 대해 어떤 성과를 기대합니다. '해보니 잘되었다'는 기분을 갖고 싶고, 반대로 '했는데 잘 안되었다'는 상황은 최대한 피하고 싶습니다.

셀리그먼은 행동에 합당한 결과가 수반되지 않으면 무력감에 빠진다는 것을 밝혔습니다. 학습성 무력감 상태에 빠지면, 사람들은 '다음에는 성공할지도 모른다'는 기대나 '다시 도전해보자'는 의욕을 가질 수 없게 된다고 생각합니다.

수업에서 과제를 봐도 소극적·회피적·저항적인 자세를 보이거나, 억지로 무언가를 시키려고 하면 짜증 내거나 거부적인 태도를 보이거나, 정서불안으로부터 경계심이 강해지는 특징이 표면화되는 것을 자주 볼 수 있습니다.

'해보니 잘되었다'는 경험이 적은 아이나 '해도 잘되지 않는다'는 경험이 많은 아이의 마음속에는 학습성 무력감이 싹트기 쉽다고 할 수 있습니다.

그러면 학습성 무력감에 빠지는 것을 막으려면, 어떻게 해야 할까요?

첫째는 '해보니 잘 되었다'는 경험을 늘리는 것입니다. 바꿔 말하면, 성공 체험을 쌓을 필요가 있습니다. 지금까지 기술한 것처럼 어른들의 기대치를 낮추거나, 과제의 난이도를 낮추거나, 성공 가능성을 높이는 체험이 필요합니다.

특히, 주의해야 할 것은 이미 학습성 무력감에 빠져 있는 경우에는 '해보자'는 의욕조차도 없다는 것을 고려하여 접근해야 한다는 것입니다. 한번 권유하는 정도로는 행동은 거의 일어나지 않습니다. 친절하고 정중한 관계를 계속 쌓아가 '이 사람과 함께라면 한번 노력해볼까?'라고 아이가 생각할 수 있는 관계를 만드는 것부터 시작할 필요가 있습니다.

둘째는 '해도 잘되지 않는다'는 경험 후에, 함께 그 원인을 다시 생각하는 습관을 만드는 것입니다. 결과의 원인을 다시 생각하는 것을 '재귀속'이라고 합니다. 실수나 오류의 원인을 신중하게 분석한 뒤 '이렇게 하면 잘 할 수 있을 것 같다'라는 방법을 찾거나, '다른 방식이라면 극복할 수 있을 것 같다'라는 쪽으로 대책을 잡으면, 긍정적인 생각이 듭니다. 그러한 재귀속을 지지하는 어른이나 동료의 존재는 체념이나 무기력감을 경감시켜 줍니다.

• 그림 18 •

안전기지(secure base)와 탐색행위(exploration)

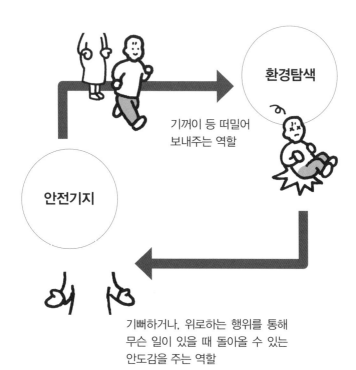

기꺼이 등 떠밀어
보내주는 역할

기뻐하거나, 위로하는 행위를 통해
무슨 일이 있을 때 돌아올 수 있는
안도감을 주는 역할

아이의 '안전기지'

예전부터 아이의 성장과 애착의 관계에 착안한 영국의 심리학자이자 정신분석가인 존 볼비(John Bowlby)는 '아이들이 순조롭고 온화하게 자라기 위해서는 안전과 탐색이 필요하다'며, 그 토대로 '어태치먼트'(attachment) 형성이 필수적이라고 설명합니다. 신뢰할 수 있는 어른이 곁에 있어서 안전한 공간을 만들어준다는 '안도감'이 아이들의 마음을 지탱합니다. 그것과 동시에 넓은 사회에 용기 있게 뛰어나가는 것에 대한 지지를 받아, 아이는 주체적으로 '탐색'하기 시작합니다.

어태치먼트는 '애착'으로 번역되어 있는데, 본래 의미는 '접속, 장착, 연결, 장치'입니다. 필요한 상황에서 거리를 좁히고, 그렇지 않은 상황에서는 등을 살짝 밀어 뛰어오르게 하는 이미지입니다. 그래서 떨어져 있어도 서로를 생각하고, 무슨 일이 있을 때는 돌아와 안도감을 가져다줄 수 있는 존재가 아이의 성장에는 필요합니다. 후일, 심리학자 메리 애인스워스(Mary Ainsworth)에 의해 이 역할을 하는 어른의 존재가 '안전기지'(secure base)로 명명되었습니다.(그림 18)

안전기지의 필요성은 부모 자식 관계에만 국한되는 것은 아닙니다. 아카사카 신지(赤坂真二, 2013)는 '자신감을 갖게 되는 것도 잃는 것도, 타인의 역할을 무시할 수 없다'고 말하고, 교사가 아이의 안전기지 역할을 다하고 있는지가 매우 중요하다고 했습니다.

안전기지가 되기 위해서 대단한 기술이나 솜씨나 수단이 필요한 것은 아닙니다. 아이가 '나를 신경 써주고 있다' 혹은 '나를 이해해준다'라는 안도감을 느끼는 관계를 일상에서 유의하는 것입니다.

안전기지는 신뢰할 만한 사람이 항상 거기에 있어 준다는 일상으로 이루어져 있습니다. '어떻게 하는가' 하는 방법이 아니라 '어떤가' 하는 평소 본연의 자세가 중요합니다.

아이의 안전기지가 되기 위해 평소에 의식하고 반복하고 싶은 것이 있습니다. 아래의 7가지 플러스 행위입니다.

① 눈을 맞춘다.

② 웃음을 보인다.

③ 말을 건다.

④ 스킨십한다.(감염증 대책 사이에서도 가능한 만큼)

⑤ 아이의 모든 행동을 '당연하다' 여기지 말고, '고맙다'고 감사를 전한다.

⑥ '한다 / 하지 않는다'에 상관없이 긍정적인 태도를 후원한다.

⑦ 성공보다는 노력이나 과정을 인정한다.

라포르 구축

'나를 이해해준다'는 안도감은 머지않아 그 사람에 대한 신뢰로 연결됩니다. 교사와 아이의 라포르(신뢰 관계)는 하루아침에 형성되는 간단한 것이 아니라, 시간을 두고 조성되는 것입니다.

그럼 상대방에 대해 '나를 이해해준다'라고 느껴지는 것은 대체 어떤 상황일까요? 그것은 상대방이 나의 내면에 있는 '아직 언어화되지 않은 마음'을 잘 읽어주고, 그것을 말로 표현해준 상황일 것입니다. "사실은 이렇게 말하고 싶었던 거죠?" "당신의 진심은 이렇잖아요"라고 내면을 말로 표현할 수 있었을 때, 사람은 다시 상대방에게 마음을 허락하면서 '맞아요!'라고 무릎을 치고 싶은 기분이 됩니다.

오자와 다케토시(小澤竹俊, 2019)의 『부러지지 않는 마음을 기르는 생명의 수업』을 참고하면 ① 상대방이 전하고 싶은 것을 캐치하고, ② 상대가 전하고 싶었던 것을 말로 하고, ③ 되돌려 주는 과정(그림 19)을 반복하는 것으로, 상대는 '내 마음의 대변인'으로서 인정해주게 됩니다. 이 반복적인 루프야말로 신뢰 관계 구축의 출발점이 아닐까요?

아이와 선생님의 신뢰관계는,

'그 선생님 좋아.'

'그 선생님은 믿을 수 있어.'

• 그림 19 •

'나를 이해해주는 사람'이 되려면…

(오자와, 2019, 77쪽을 일부 개편)

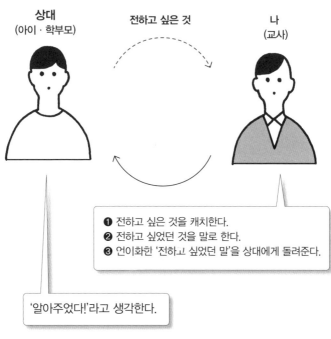

상대
(아이 · 학부모)

전하고 싶은 것

나
(교사)

❶ 전하고 싶은 것을 캐치한다.
❷ 전하고 싶었던 것을 말로 한다.
❸ 언어화한 '전하고 싶었던 말'을 상대에게 돌려준다.

'알아주었다!'라고 생각한다.

전하고 싶었던 것이 말이 되었을 때
'그렇습니다!'라는 마음이 든다.

'그 선생님은 존경스러워.'라는 마음에서 나옵니다.

교육의 라포르는 어디까지나 '아이의 눈높이에서 시작한다'라고 생각합니다.

'아이 몸부림의 대변인'이 된다

아이는 자기의 몸부림이나 고통을 잘 표현하지 못합니다. 예를 들어, 학급에서 조금이라도 마음에 들지 않는 일이 있으면, 상대에게 "죽어!" 하고 욕하는 아이가 있습니다. 또 "열 받아" "짜증 나" 등 주변을 불쾌하게 하는 폭언과 모욕이 입버릇이 되어 있는 아이도 있습니다.

주의나 질책으로는 그들의 행동이 좀처럼 바뀌지 않습니다. 왜냐하면, 그 아이들은 자신의 내면세계를 정리하거나 적절하게 언어화하는 방법을 모르기 때문입니다.

모르거나 아직 몸에 익지 않은 것을 '미학습'이라고 부릅니다. 이들의 모습을 보고 '기분의 적절한 언어화가 미학습인 상태'라고 이해된다면, 적절한 행동 방법의 요령을 '가르치고 지도해야 한다'는 발상에 이르게 됩니다. 그런 관점에서 그동안 꾸짖고 고치려고 했던 것 중 대부분은 사실 '가르치고 지도해야 할 내용'이었다는 것을 알아차릴 것입니다.

• 그림 20 •

폭언의 정체를 빙산 모델로 다시 파악하다

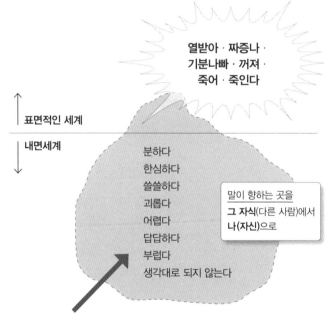

폭언의 정체는 **부정적인 감정의 언어화 미학습**

**열받아 · 짜증나 ·
기분나빠 · 꺼져 ·
죽어 · 죽인다**

표면적인 세계

내면세계

분하다
한심하다
쓸쓸하다
괴롭다
어렵다
답답하다
부럽다
생각대로 되지 않는다

말이 향하는 곳을
그 자식(다른 사람)에서
나(자신)으로

직접적으로는 보이지 않는 부분에
지도나 도움의 힌트가 숨겨져 있는 경우가 많다.

폭언의 정체는 '분하다' '괴롭다' '답답하다' 등 부정적인 감정의 미성숙한 언어 표현입니다. 〔그림 20〕의 '빙산 모델'에서 보는 것처럼 표면화된 폭언의 배경에는 눈에 보이지 않는 부정적인 감정이 숨어 있습니다.

예를 들면 "죽어, 꺼져!"라는 강한 어조를 상대에게 퍼붓는 아이가 있을 때, 도덕률의 잣대로 "지금, 뭐라고 했어!" "그런 말을 함부로 하는 게 아니야!"라며 꾸짖습니다. 지금까지는 이러한 의연한 지도가 장려되어 왔고, 나도 그렇다고 생각했습니다.

그러나 그렇게 꾸짖으면 그동안 만난 아이들은 '선생님 싫어'라는 불만이나 '선생님은 아무것도 몰라'라는 반발로 '몸부림의 대변인'이 될 수 없다는 것을 알려주었습니다.

그들의 내면에 접근하기 위해서는 도덕률에 기초한 지도를 한번 봉인할 필요가 있었던 것입니다.

'그랬구나, 저 녀석을 없애고 싶다는 생각이 들 정도로 억울했구나.'

'죽인다고 말할 정도로 괴로웠구나.'

'그건 답답했겠다.'

'힘들고 우울했겠다.'

'죽어!라고 말할 정도로 화가 났었구나.'

도덕률로 아이의 언동을 판단하거나, 교사 군림형의 학급경영으로 아이의 내면에 있는 몸부림을 봉쇄하려는 방식은 라포르 형성으로 이어지는 커뮤니케이션의 실마리를 교사 스스로가 놓아버리는 건지도 모릅니다. 특히 '내 지도는 틀리지 않아' '올바른 지도를 하고 있으니까, 이것에 따르지 않는 아이가 나쁘다'라고 생각하는 때일수록 주의가 필요하다고 생각합니다.

　학교 현장은 어쨌든 교사로부터의 발신으로 일이 진행되기 쉽습니다. 교사가 하고 싶은 말만 하고, 교사가 알려주고 싶은 것만 전달하는 것이 목표라면 라포르는 형성될 수 없습니다. 커뮤니케이션은 쌍방향이며, 특히나 신뢰 관계에서는 아이가 발신자입니다.

　물론, 이러한 커뮤니케이션은 장기적인 것이고, 바로 바뀔 수 있는 것은 아닙니다. 그러나 장기적인 관점에서 아이의 속마음을 이해하는 것은 결과적으로 교사 자신의 마음을 지키는 것으로 이어집니다.

　아이의 마음으로 눈을 돌려 정중한 교환을 거듭하며, **아이들 내면세계의 대변인이 될 수 있는 교사**가 학교 현장에서 더욱 늘어나면, 학교는 반드시 멀트리트먼트적인 상황에서 벗어날 수 있다고 굳게 믿습니다.

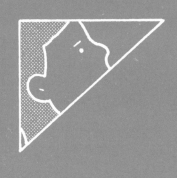

5장

교실 멀트리트먼트의 개선

교실 멀트리트먼트 상황을 개선하기 위한 10개의 플랜

교사 중 누구나 빠질 수 있고, 게다가 무자각한 채 나아갈 위험을 안고 있는 교실 멀트리트먼트에 대해 4장에서는 사전 예방법을 알려드렸습니다. 이번 5장에서는 '우리 학급(학교)이 그런 상황에 있는 것은 아닐까?'라고 느꼈을 때 바로 실행할 수 있는 10개의 개선 계획을 정리했습니다.

다만, 단번에 모든 일이 해결되지는 않습니다. 아이의 실태에 차이가 있는 것처럼 교사의 실력이나 유형에 따라 가능하거나 가능하지 않을 수 있고, 맞거나 맞지 않을 수 있기 때문입니다. 이러한 개별 교사의 특성을 경시하고 '이렇게 하면 누구나 할 수 있다'는 지도나 행위의 매뉴얼을 제시하는 것은 환상에 가깝다고 생각합니다.

야마다 요이치는 교육기술의 유효성을 곱셈식으로 '교육기술의 유효성 = 교육기술 × 아이의 특성 × 교사 유형'이라고 했습니다.

앞으로 제시할 교실 트리트먼트 개선을 위한 10개의 플랜 중에는 아이들의 실태나 교사의 유형에 따라 적합하거나 부적합할 수 있습니다. '나에게 잘 맞는' 혹은 '스스로 잘 다룰 수 있는' 방법을 찾는 것이 중요합니다.

한 가지 유의할 점은 조금 노력한 것으로 '효과가 없다'고 단정 짓지 않는 것입니다. 4장에서 언급했듯이, 아이의 성장은 속성재배처럼 되지 않습니다. 또한, 교사의 지도에서도 '능숙하게 사용하게' 되려면 시간이 걸리기 마련입니다. '좋은 방법일수록, 시간을 들여 차분히 익혀가는 것'이라고 이해하고, 자신의 것이 될 때까지 침착하게 노력해나갈 것을 권합니다.

플랜 1. 자신의 '교사 모델'을 되돌아본다

먼저, 자기 행동에 영향을 주고 있는 '교사 모델'을 되돌아봅니다. 가족 간 학대의 대물림처럼, 교사 행동의 상당수도 과거에 받은 지도의 영향을 알게 모르게 받습니다. 어렸을 때 어떤 선생님을 만나왔는지 자신의 과거를 되돌아보는 일은 매우 중요한 것 같습니다.

나는 어떤 아이였고, 가정은 어떤 양육 환경이었나?

여러분의 학교생활은 어땠습니까? 학교 이미지, 학급의 분위기, 담임선생님의 인품 등을 차분하게 생각해봅니다.

좋아했던 선생님, 싫어했던 선생님이 있습니까? 어떤 선생님을, 왜 그렇게 느꼈는지 생각해봅시다. 구체적으로 에피소드가 있습니까? 그 선생님의 지도로 영향을 받은 부분이나 구체적으로 현재의 지도에 활용하고 있는 부분이 있습니까?

어쩌면 떠올리고 싶지 않은 과거가 플래시백 될지도 모릅니다. 좋은 추억뿐만 아니라, 괴로운 기억이 더 많을지도 모릅니다. 그러나 '그 선생님은 비슷한 상황에서 이런 지도를 했었지'라는 기억은 좋든 나쁘든 간에 내 모습과 행동에 강한 영향을 주고 있을 수 있습니다.

내가 어렸을 때의 학교는 지금보다 훨씬 '교사 우위'의 세계였습니다. "설령 재미없는 수업이라도, 아이는 얌전히 들어야만 한다. 그것이 인내심을 기른다"라고 공언하는 교사, "나쁜 짓을 했으니까 맞는 건 당연하다"라고 하며 때리는 지도를 정당화하는 교사, 동급생이 장래의 꿈을 말할 때 "네가 그런 일을 할 리가 없어"라고 무참히 그 꿈을 짓밟는 발언을 일삼는 교사, 칭찬해야 할 상황에서 하지 않고 그저 자기 자식 자랑만 하는 교사, 아이들 앞에서 다른 교사의 험담을 하는 교사… 그런 교사가 많았습니다.

만약, 이러한 심리적인 고통이나 체벌을 준 지도자의 기억이 남아 있다면, 그것이 지금 여러분의 지도에 영향을 미치고 있을 가능성이 있습니다. 이 모든 것을 반면교사로 삼아 '나라면, 저렇게 하지 않겠다'고 강하게 마음을 먹고, 교실 멀트리트먼트의 연쇄를 예방·개선하는 에너지로 만들어가는 것이 중요합니다.

또한, 교사가 된 이후의 선배 교사와의 만남도 매우 큰 영향을 미칩니다. 특히, 초임 학교의 선배가 자신의 교사상 형성에 미치는 영향은 헤아릴 수 없습니다. 압력이 강한 선배 교사나 관리자로부터 '선생님은 너무 착해' '더 엄하게 해야 해' '아이들에게 쉽게 보이지 않는 것이 좋아' '반 분위기가 너무 느슨해' '미소를 보이지 않는 게 좋아'라는 등의 지적을 받아 억지로 강압적인 지도를 한 경험은 없습니까?

아이들이 내 말을 잘 따르게 하려고 열심히 했는데 좀처럼 그렇게 되지 않고, 다른 선생님이 교실에 들어서자마자 아이들이 조용해지는 것을 경험하고 초조함을 느낀 적은 없었습니까? 조용하고 차분한 학급을 만들려고 '말을 잘 듣게 하는' 일에 안간힘을 쓰던 시기는 없었습니까?

이러한 선배 교사와의 만남과 자신의 지도 경험을 정리함으로써 의식 속에 잠재했던 경험에서도 '이것은 역시 좋지 않았다'고 다시 배울 수 있습니다.

〔표 4〕의 '교육 경력, 교사 경력을 되돌아보는 체크 리스트' 각 항목에 대해서 각각의 경험 여부와 '그때 어떻게 느꼈는지'를 되

· 표 4 ·

'교육 경력, 교사 경력'을 되돌아보는 체크 리스트

---

❶ 어렸을 때 만난 지도자에 대해
 (학교뿐 아니라 학원 등 포함)

 ☐ 목소리가 크고 위압적인 지도에 압도된 경험
 ☐ 힘과 협박으로 통제하려는 지도 경험
 ☐ 노력이나 열심을 인정받지 못한 경험
 ☐ 자신의 의견이나 생각을 들어주지 않는 경험
 ☐ 왕따나 등교 거부의 문제를 방치하는 학급의 분위기
 ☐ 교사들의 갈등이나 사이가 좋지 않은 장면을 본 경험
 ☐ 교사로부터의 혐오나 빈정거림, 놀림으로 기분 상했던 경험
 ☐ 불합리한 이유로 혼나거나, 벌을 받은 경험

---

❷ 경력이 얼마 되지 않았을 때 만난 선배 교사에 대해
 (특히 초임 학교)

 ☐ 아이나 동료를 깎아내리려는 교사
 ☐ '선생님은 너무 착해' '더 엄하게 해' 등 무리한 지도 스타일을 요구하는 교사
 ☐ '왜 ○○할 수 없어?'라고 따지는 듯한 지도가 많은 교사
 ☐ 남에게 무슨 말을 들으면 '나는 아무 잘못이 없다'고 자기방어 하는 교사
 ☐ '이렇게 된 것은 ○○의 탓'이라고 남 탓만 하는 교사
 ☐ 실패나 실수에 격려해주지는 않고, 깐족거리는 교사
 ☐ 교무실에서 아이나 학부모에 대해 계속 부정적인 발언을 하는 교사
 ☐ 비밀 이야기, 귓속말 등 험담이 많은 교사
 ☐ 담임하는 학급의 아이를 마치 '개인 소유물'인 것처럼 말하는 교사
 ☐ 자기 경험만 믿거나, 전례가 없다는 이유로 제안을 거부하는 '사고정지'
   에 빠진 교사
 ☐ 아이나 보호자를 함부로 말하거나, 비웃는 교사

돌아볼 수 있습니다.

플랜 2 교사로서의 '성장 스테이지'를 안다

플랜 2는 교사로서의 '성장 스테이지'를 아는 것입니다. 라이프 스테이지에 대해서는 4장에서도 잠깐 언급했습니다만, 교사는 각각의 특성과 성격이 있고, 앞에 제시한 것처럼 교육 경력이나 교사 경력이 다를 수 있기 때문에 '우수교원'을 한정된 모델로 기준을 적용하는 것은 상당한 무리가 있습니다. 본인의 건강 상태나 육아·돌봄 등 가정 사정의 이유로 그렇게 하고 싶어도 할 수 없는 교사도 있습니다. 이 기준이 마치 기정사실인 것처럼 고집부리다가 학교 현장은 더욱 고통받게 될 것입니다.

또 교사의 능력 향상을 '경력으로 구분한다'는 발상도 이상합니다. 교사의 성장은 연수(年數)에 비례하는 것이 아니며 개인차가 있습니다. 같은 연수라도 지도 기술이나 아이와 관계를 맺는 방법이 능숙하거나 미숙할 수 있으며, 베테랑이라고 불리는 경력이 되어도 여전히 서툴러서 어쩐지 불안한 교사도 있습니다. 원래 베테랑은 '실천의 정도가 높은 사람'을 의미하는 말로 단순히 경험 연수가 많은 것을 말하지는 않습니다. 능력 여하와 관계없이, 연수만을 근거로 '중견'이나 '중간 관리자' 등으로 부르는 방식도 빨리 고쳐갈 필요가 있습니다.

다시 말하지만, 교사의 성장은 '연수'로 정할 수 없습니다. 교사의 성장은 지도나 태도의 '양성 정도'로 결정되는 것입니다. 따라서 교사의 라이프 스테이지를 묻는 경우에는 '지도 기술의 변화'나 '아이를 대하는 태도'와 연관 지어 반성하는 데 초점을 두어야 한다고 생각합니다. 즉 지금의 스테이지를 교사 스스로 자각하고, 확인할 수 있는 기준을 갖는 것이 중요합니다.

그래서 여기에서는 장애아의 발달 임상 분야에서 많은 공을 남긴 고(故) 우사가와 히로시(宇佐川浩, 1998)의 '비기너스 테라피스트의 내적의식의 변용과정'을 참고로 지도자의 성장 단계를 7가지로 나눠, 시기별로 어떠한 지도의 특징을 보이고, 태도가 어떻게 양성되어 가는지를 정리해보았습니다.(그림 21)

단계 1. 신뢰 관계 미형성기

미리 그리고 있던 예정이나 계획에서 벗어나는 아이의 행동에 동요하거나 초조해하는 단계입니다. 교사 스스로 자기통제가 되지 않아 아이에게 감정을 그대로 드러내는 경우도 많이 볼 수 있습니다. 이 단계에서는 가망 없는 제도나 명령, 혹은 방관이나 모방의 대응이 상당히 빈번하게 일어납니다. 누구나 겪는 과정이고, 그래도 빨리 벗어나고 싶은 단계이기도 합니다. 경험 연수가 많은 교사라도 이 단계에 멈춘 사람이 있습니다.

• 그림 21 •

교사의 성장 단계와 지도의 특징, 태도의 양성 과정

(우사가와, 1998, 242~252쪽을 참고로 작성)

단계 1 – 신뢰 관계 미성숙기

계획을 벗어난 아이 행동에 동요 · 초조. 자기통제가 되지 않아, 아이에게 감정을 그대로 드러낸다. 베테랑의 연차라도 여기 멈춘 경우가 있다.

• 가망 없는 제도 · 명령 • 방관 · 모방 • 늦은 대응

단계 2 – 지식 선행기

연수나 문헌을 통해 '방법 · 기술'을 찾기 시작. 빨리 효과가 있을 것 같은 방법으로 달려들기 때문에, 지도가 실제로 아이에게 맞지 않는다.

• '잘하자' 하는 자기방어적 태도를 강하게 한다.

단계 3 – 이념 선행기

교과서적인 이념을 바탕으로 태도를 형성하기 시작. 머릿속으로 어떻게 해야 하는지 이해하기 시작하지만, 실제로는 생각하는 것만큼 하지 못한다.

• 뒤죽박죽 한 실천 • 여기에 얽매이면 '머리만 큰' 이념으로 머물기 쉽다.

단계 4 – 실천 준비기

그 자리에 바람직한 태도 · 기술 · 실천이 때때로 맞물리게 된다.

• 자기방어적 태도는 아직 남아 있다.

단계 5 – 실천 과도기

지도에 주도권을 가지면서, 받아들이는 부분은 충분히 수용한다. 언뜻 보기에는 실수 없이 하지만, 과제설정 조사는 아직 불충분

• 수용적 응답 • 과제설정의 미숙함이 있다.

단계 6 – 실천 충실기

아이에게 맞는 접근이나 단계의 업다운이 적절하게 된다. 지도 상황에서 결과적으로 자기 성격을 잘 드러난다.

• 가망 있는 개입 · 지도로 기다림 • 자기방어적 태도는 거의 소실

단계 7 – 태도 변용기

자기 성격이나 특성을 받아들이면서, 느긋한 마음으로 실천을 거듭한다. 아이와 관련된 상황뿐 아니라 일상생활 전반의 사람과 관계에 대해 자기 통찰하게 된다.

• 일상생활을 포함한 대인 태도의 변용이 보인다.

↕

아이와의 만남이나 지도 상황, 단계마다 사람과의
만남 모든 것이, 자신의 인격 형성에 영향을 준다는 것을 실감한다.

단계 2. 지식 선행기

연수나 문헌들을 통해 'How to'를 찾기 시작하는 단계입니다. 다만, 빨리 잘되는 방법을 찾으려고 하기 때문에 지도가 아이에게 맞지 않는 경우도 많이 보입니다. '잘하고 싶다'는 생각이 강해서 '실패하고 싶지 않다'는 자기방어로 이어집니다.

단계 3. 이념 선행기

교과서적인 이념을 바탕으로 머릿속으로는 어느 정도 어떻게 해야 할지 이해하고 있는 단계입니다. 그러나 막상 실전에서는 생각처럼 하지 못하기 때문에 실천에 불편함이나 불균형이 느껴집니다. 이른바 '머리만 큰' 상태입니다.

단계 4. 실천 준비기

그 상황에 맞는 바람직한 기술과 태도가 조금씩 실천으로 연결되고, 맞물려가는 단계입니다. 다만, 자기방어적 태도는 다음 5단계까지 남습니다.

단계 5. 실천 과도기

지도의 이니셔티브(주도권)를 가지면서도, 받아들여야 할 부분은 충분히 수용하는 깊이가 보이는 단계입니다. 과제설정에는 아직 미숙함이 남아 깊은 고찰이 필요합니다. 우사가와는 2~5

단계는 '빌려온 태도나 기술' 같은 것이라고 말합니다.

단계 6. 실천 충실기

아이에 맞게 접근할 수 있게 되고, 과제를 적절하게 조절할 수 있는 단계입니다. 유효한 지도를 할 수 있고, 지도의 중요한 기술인 '기다림'도 가능해집니다. 여기까지 오면 자기방어적 태도는 거의 사라집니다. 이 책에서 주제로 다루는 교실 멀트리트먼트의 위기도 이 단계에서 거의 없어진다고 할 수 있습니다.

단계 7. 태도 변용기

자신의 성격과 특성을 받아들이면서 느긋한 마음으로 실천을 거듭할 수 있는 단계입니다. 어린이와 관련된 지도 상황뿐만 아니라, 일상생활 전반에서 사람과의 관계에 대해 자기 통찰할 수 있게 됩니다.

6이나 7의 단계에 이르기까지 교사는 다양한 만남을 반복합니다. 아이나 보호자, 선배·동기·동료 교사와의 만남을 통해 교사 또한 인격 형성을 배워가는 한 사람입니다. 캐나다의 교육학자 막스 반 매넌(Max van Manen)이 아이들을 위해 어떤 교육적인 움직임이 기대되는 순간을 '교육적 순간'이라고 이름 붙인 것처럼(가게, 鹿毛, 2007), 모든 교육활동은 양방향으로 영향을 미칩니다. 7단계에 이르렀을 때, 아마 다음 5가지 교육기술이 갖추어져 있을 것입니다.

성장 단계를 거쳐서 습득하고 싶은 교육기술 5선

① 기다린다.

② 받아넘긴다.

③ 단념한다.

④ 힘에 의지하지 않는다.

⑤ 말을 고른다.

플랜 3. 가까운 스승과 반면교사로부터 배운다

플랜 3은 가까운 사람을 분석하면서 배우는 것입니다. '저 사람처럼 되고 싶다'고 생각되는 인물을 롤모델(roll model, 역할모델)이라고 부릅니다. 같은 학교에서 '이 선생님을 뒤따라가고 싶다'는 생각이 드는 롤모델의 교사가 있다면 그 선생님의 어떤 점을 동경하는지를 써봅시다. 그 선생님의 분위기, 말투, 아이를 향한 눈빛 등 따스하게 감싸는 분위기 속에서 감성의 비슷한 부분을 계속 따라가도록 합니다.

'좋기는 하지만, 그 사람의 전부를 지향하고 싶은 것은 아니다'라고 하는 경우가 더 많을지도 모릅니다. 이 경우는 '가까운 스승'으로 두고, 상황마다 동경할 만한 부분을 분석하여 의식적으로 따라 하도록 합니다.

한편으로 같은 학교에는 '반면교사'도 있을 것입니다. 그 사람 지도의 어떤 부분에서 멀트리트먼트성을 느꼈는지 정리해봅니다. 그리고 '과연, 나에게는 정말 그런 부분이 없을까?' 자신에게 묻고, 자신의 감성을 가슴 깊이 파악한 후에 '절대 나는 하지 않겠다'는 결의를 합니다.

학교 안에 반면교사뿐인 최악의 경우에는 과감하게 외부 연구회나 세미나 등에 참여해, 그곳에서 자신의 자리를 확보합니다. 그런 모임에는 같은 뜻을 가진 사람이 모여 있습니다. 롤모델이라고 부를 만한 사람을 만날 확률도 커질 것입니다.

서적이나 문헌을 통해 롤모델을 찾는 시도도 좋습니다. 실제로 만날 수 없는 사람(멀어서 좀처럼 만나러 가지 못한다, 이미 돌아가셨다 등)을 스승이라 우러러보고, 때때로 '선생님이라면 어떻게 하셨을까?'라고 생각하는 것을 사숙(私淑)이라고 합니다. 사숙하는 선생님의 배움의 발자취를 더듬듯이 계속 독서를 하다 보면, 자기 자신의 '교사로서의 숙련도'도 높아집니다.

'사숙의 발자취를 더듬는다'는 것은 어떤 것일까요? 예를 들어, 3장에서 상술한 '교사의 압박'의 생각은 다와라하라 마사히토(2019)가 제시한 문헌을 참고한 것입니다. 다와라하라는 다른 책에서 '이름을 막 부르지 않으면, 그 뒤에 긍정적인 말이 이어진다'고 했습니다.(다와라하라. 2014) '~씨'의 뒤에 명령조로 말하려면 위화감이 생긴다는 것입니다. 분명히 "○○○, 잠깐 와봐!"라고 말할 수 있지만, "○○○씨, 잠깐 와봐!"는 상당히 말하기 어려워집니다. 이름을 막 부르지 않으면 "○○○씨, 이쪽으로 와주세요"라고 필연적으로 어투가 부드러워집니다.

다와라하라에게도 스승으로 우러러보는 분이 있었습니다. 노구치 요시히로(野口芳宏)입니다. 노구치는 '수업은 공적인 자리이며, 공적인 대화가 필요'하다고 말씀하셨고, 거기에서 "아무리 신뢰의 파이프가 연결되어 있더라도, 수업 중에는 당연히 이름 뒤에 '군' '씨'를 붙여서 이야기하지 않으면 안 된다"라고 배웠다고 합니다.

노구치 요시히로도 저서(1988. 복각판 2015)에서 사숙한 선배의 말을 소개하고 있습니다.

> 평소 생활 속에서 항상 말을 주의해서 사용하고, 그 말의 효과나 영향을 관찰하는 것이 중요하다. (중략) '좋은 교사는 말을 아낀다'고 사숙하는 선배, 히라야마 간지(平山寬司) 선생은 늘 말씀하셨다. 음미할 만한 한마디다.

'인터넷 서핑'이란 단어가 등장한 지 오래되었는데, 이같이 앞선 문헌을 더듬는 '독서로 떠나는 여행'을 통해 얻을 수 있는 사숙도 교실 멀트리트먼트를 개선하는 데 큰 힌트가 될 것입니다.

플랜 4. 아동관을 되돌아보고, 재검토하고, 뒤집는다

플랜 4는 지금까지의 '아동관'을 되돌아보고, 때로 재검토하고, 경우에 따라서는 뒤집는 것도 마다하지 않는 것입니다. '관'이란 보는 법, 받아들이는 방식입니다. 지도 스타일은 아이를 어떻게 보는지에 따라 크게 달라집니다.

시각의 틀을 바꾸는 것을 리프레이밍(reframing)이라고 합니다. 예를 들어, 4장에서 말한 것처럼 아이들은 모두 '별사탕'과 같아서 울퉁불퉁한 곳이 있고, 시간이 지나면 둥글게 자라기 마련입니다. 그러나 '완전한 구체가 될 수 없다'라고 하는 아동관을 가지고 있으면, 고치고 싶은 부분을 '가시'로 간주하고 제거하려는 생각이 없어집니다. 그리고 그 아이에 대한 새로운 발견으로 '여백·성장'을 채우고, 시간을 두고 관계해가는 지도 스타일을 확립할 수 있습니다.

아이에 대한 '전제'를 바꾸거나 번복함으로써, 지도 스타일은 크게 달라질 수 있습니다. 그만큼 아동관은 중요합니다. 초등학교 교사 미나미 게이스케(南惠介, 2017)는 저서에서 '하려고 해도 못 하는 것이 아이'라는 아동관을 갖는 것이 중요하다고 말합니다. 그래서 '혼낼 시간이 있으면 칭찬한다' '혼내는 것은 신중하고 적절하게 해야 한다'는 지도 스타일을 세웠다고 합니다.

이처럼 '전제'나 '당연한 것'을 재검토하거나 뒤집는 작업은 교사뿐만 아니라, 사람을 다루는 일을 생업으로 하는 모든 직종에 필요하다고 생각합니다. 왜냐하면, 전제 자체에 잘못이나 실수가 있는 경우가 적지 않기 때문입니다. 이것을 '오류'라고 합니다. 오류란 단순한 잘못이나 실수가 아니라, 논리나 지식, 데이터의 활용에 있어서 어떤 사물이나 현상을 바르게 생각하기 위해 필요한 것, 즉 '전제'가 잘못되었다는 뉘앙스를 말합니다. 어떤 일을 주장할 때 적은 사례만으로 일반화하거나, 조금 관련이 있는 정도인데 인과관계를 찾아내거나 한 적은 없습니까? 전제 자체가 잘못되었기 때문에 결론도 잘못된 것이 되는 것을 '비형식적 오류'라고 부릅니다.

4장에서 말한 인지편향(선입견이나 믿음)과 여기서 서술한 비형식적 오류(전제가 잘못되었다)는 모두 아이의 수준을 말할 때 빠지기 쉬운 것으로 항상 유의해야만 합니다.

〔그림 22〕와 같이 교사라는 일은 항상 아이를 이해하는 '수비의 범위'를 계속 넓히는 것을 숙명으로 하는 직업입니다. 수비범위가 좁으면 '아이 언행의 사소한 일을 용서할 수 없다'는 자신을 벗어날 수 없습니다. 또 '애만 없으면 반이 잘 될 텐데…'라

• 그림 22 •

아이 이해의 '수비 범위'를 넓히자!

[수비 범위가 좁은 채로 있으면…]
• 아이의 사소한 언행을 용서할 수 없다.
• 대응할 수 없는 것을 아이의 탓으로 돌린다.

[수비 범위가 넓어지면…]
• 아이의 작은 성장을 깨닫고 기쁘게 된다.
• 대응할 수 없을 때는 자신을 닦고, 다음은 대응하려고 생각한다.

고 하는 마음을 갖게 되고, 잘 대응하지 못하는 것을 아이의 탓으로 돌리기도 합니다. 한편, 아이를 이해하는 수비의 범위가 넓어지면, 아이의 작은 성장에 주목하여 기뻐하거나 대응하지 못할 때는 자신을 재정비하는 기회로 삼을 수 있습니다.

시각이 바뀌는 것만으로도 그 아이의 가치는 크게 달라집니다. 자신이 예상한 범위를 크게 뛰어넘는 아이를 '초과하는, 벗어난, 어지럽히는 귀찮은 존재'라고 간주할 것인가? 아니면 '좁은 나의 수비 범위를 넓히기 위해서 일부러 등장해준 귀중한 존재'로 여기는가? 이러한 순간은 교사 성장의 분기점이 되는 상황으로, 그래서 지금까지 쌓아온 아동관을 번복하는 일도 마다하지 않는 결단을 내릴 수 있는지 없는지 묻는 것입니다.

덧붙여서, 아이를 이해하는 것은 언제나 통하는 보편적인 내용과 사회적 정세 등 학교를 둘러싼 환경의 변화를 감안한 변동적인 내용이 포함됩니다. 1995~2005년의 10년간 편의점의 증가, PC와 인터넷 보급률의 증가, 통학률의 증가 등에서 급속한 성장세를 보였습니다. 아카사카 신지(赤坂真二, 2020)는 그러한 변화에 의해 '사회의 개인화'가 진행되고, 공통의 규범의식이나 정보적 교류의 희박화로 이어지기 쉽다고 지적합니다.

〔그림 23〕은 편의점 수, PC·인터넷 보급률 그리고 '학교관리 하에서의 폭력 행위 건수'의 그래프를 겹친 것입니다. 이것을 살펴보고 1990년대의 어린이상을 이미지화하여 학급경영을 하

• 그림 23 •

사회의 '개인화'와 학급경영의 어려움

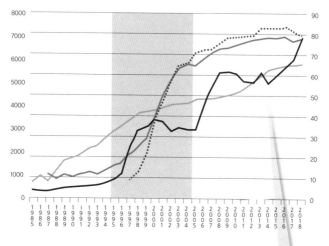

――――― 편의점 점포 수
――――― PC 보급률
――――― 학교관리 하에서의 폭력 행위 건수
‥‥‥‥ 인터넷 보급률

사회의 '개인화'와 SNS 문화의 도래에 따라, 집단의 질서를 유지하는 것에 어려움이 생기는 시대려고 하면, 집단의 질서를 지키는 데 어려움이 생길까 우려하고 있습니다. 3장에서 학급경영연구회가 2000년에 제시한 '학급이 제대로 기능하지 못하는 상황(이른바 학급 붕괴)'에 빠진 요인 분석을 다루었는데, 그로부터 20년이 넘은 지금 사태는 더 크게 진행되고 있을 가능성이 있습니다. 제 주변에서도 '큰 집단 수업에 잘 적응하지 못한다' '학교생활이 힘들다'는 큰 고민부터 '수련회 때 같이 씻고 싶지 않다'는 사소한 문제까지 집단행동의 불편함을 호소하는 목소리가 커지는 것 같습니다.

'아이는 교사의 지시를 잠자코 따라야 한다'든가 '전원이 함께 같은 일을 하는 것은 당연하다'라는 전제 그 자체도 현재는 더 이상 통용되기 어렵습니다. 그러한 전제로 고집한 지도의 대부분은 아이들을 혼란스럽게 하고, 경우에 따라서는 교실 멀트리트먼트 상태에 빠질 위험이 있다는 점도 유의해야만 합니다.

플랜 5. 수업 내에서의 퍼실리테이션 능력을 높인다

플랜 5는 수업을 통해 '아이들 간의 관계를 통한 배움=퍼실리테이션'의 기술을 연마하는 것입니다.

중학교 교사인 호리 히로쓰구(堀裕嗣, 2012)도 전술한 아카사카와 같이, 1990년대 말부터 2000년대 초에 걸친 아이들의 변화에 주목하여 수업 시스템의 전환을 제안합니다.

호리에 따르면, 이 시기를 경계로 수업 중에 가만히 이야기를 듣지 못하는 아이들이나 의자에 앉아 있지 못하는 아이들이 등장했다고 합니다. '듣지 않는다, 앉아 있지 않는다'가 아니라 '듣지 못한다, 앉아 있지 못한다'고 표현한 데 큰 의미가 있습니다. 그들은 자의로 그러는 것이 아니며, 악의도 없다고 말하고 있습니다. 오히려 아이는 학교에서 '그냥 잠자코 의자에 앉아서 선생님의 말씀을 듣고, 필기를 하고, 선생님의 기대에 부응하는 발언을 요구받고', 학부모에게는 학교 교육의 '성과를 올리기 위해 협력하는 것은 당연하다'는 전제야말로 문제의 근간이라고 파악했습니다. 그러한 논리로 움직이고 있었기 때문에 탈선하는 아이들이나 보호자들에게 '문제 있는 아이'나 '문제 있는 부모'라는 꼬리표를 붙여왔습니다.

호리는 이런 상황을 학교 교육 시스템·수업 시스템의 '제도 피로'라고 평가합니다. 제도 피로란 제도가 운용되는 동안, 사회 상황이 변하고 제도의 목적과 실정이 어긋나 제대로 작동하지 않게 된 상황을 말합니다. '듣지 못한다, 앉아 있지 못한다'고 하는 현대적인 아이들의 실태와 '지금까지 당연하다고 여겨온 전제'가 더 이상 기능하지 않는 상황을 근거로, 호리는 수업에 반드시 아이들끼리 교류하는 상황을 넣겠다는 생각에 이릅니다. 이것이 바로 '퍼실리테이션'(facilitation)입니다.

퍼실리테이션은 '집단에 의한 지적 상호작용을 촉진하는 작용'을 말합니다. 문제 해결, 아이디어 창조, 합의 형성 등 집단으로 행해지는 창조적인 활동을 진행해나갈 때 필수적인 기능입니다.

가쓰라 사토시(桂聖, 2017)도 수업에서의 퍼실리테이션 기능에 주목하는 한 사람입니다. 수업이 '단편적이고 우상향적인 학습'이라는 이미지를 갖게 된 것에 대해 경종을 울리고, 수업 중에 아이들 사이에 '생각의 차이'가 생기거나, 오류가 나거나, 모르겠다는 말이 나오는 '복선적이고 커뮤니케이션이 있는 학습'이 아이들의 배움을 깊어지게 한다고 제안합니다.

가쓰라는 수업 퍼실리테이션의 효과로 구체적으로 '교실의 분위기를 조성하는 기술' '다양한 의견을 확산적으로 끌어내는 기술' '다른 의견을 수렴적으로 정리하는 기술' 등을 듭니다.

시라마쓰 사토시(白松賢, 2017)에 따르면, 수업을 하는 데 있어서 교사의 중요한 지도 기술은 Instruction(지도), Intervention(개입), Coaching(이끌어냄), Facilitation(촉진)의 4가지로 분류됩니다. 이러한 지도 기술은 [그림 24]와 같이 사분면의 매트릭스로 정리할 수 있습니다. 이 매트릭스는 세로축에는 '집단인가, 개인인가'를, 가로축에는 '교사 주도인가, 아이의 자원 행동인가'를 각각 설정합니다.

Instruction은 교사 주도로 이루어지며, 집단 전체를 대상으로

• 그림 24 •

학급경영에 필요한 4가지 지도 기술

(시라마쓰 사토시, 2017, 116쪽을 일부 개편)

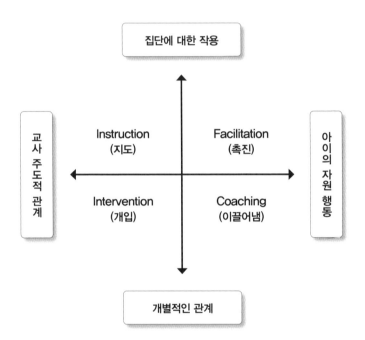

한 작용을 말합니다. 좁은 의미로는 이것을 일제 지도, 전체 지도라고 보는 시각도 있습니다.

Intervention은 아이의 행동상 문제를 미연에 방지하거나, 바람직한 행동을 가르치는 것입니다. 개별적인 관계이며, 교사가 아이의 행동에 '개입'함으로써 성립합니다.

Coaching은 최근 교육 현장에서 중요시되는 접근 방법 중 하나입니다. Teaching과는 대조적인 개념으로 아이의 내면에 작용하여 답을 끌어내거나, 바람직한 방향으로 이끄는 접근 방법으로 생각되고 있습니다. Coaching의 기본적인 3가지 기술로는 경청, 승인, 질문이 알려져 있습니다.(이시카와, 2009)

그리고 여기서 언급한 퍼실리테이션(Facilitation)을 한마디로 말하면, '관계 속에서 배우는 것을 뒷받침하는' 지도 기술이라고 할 수 있습니다. 담임이 모든 것을 관장하는 반, 담임이 철저하게 가르치는 수업이라면, 빨리 지식을 전하고 기능을 획득할 수 있을지도 모릅니다. 그러나 그러면 학급 안에서만 통용되는 것에 그치고, 진정한 힘이 되지 못할 수 있습니다. 조금 시간이 걸리더라도 현대사회를 살아가는 아이들에게는 서로 관계하면서 스스로 주체적으로 문제를 해결해나가는 상황이 필요합니다. 거기서 길러진 협동(힘을 합쳐 곤란한 일에 임하는 것)적인 힘은 분명히 장래에도 활용될 것입니다.

퍼실리테이션의 구체적인 활용 방법 1. 짝꿍 활동

요즘 아이들이 원하는 수업의 키워드는 '참여감'과 '성취감'으로 집약되지 않을까요? 참여할 일이 줄어들거나 성취감이 없다고 느끼기 시작하면, 아이들의 생각은 순식간에 수업에서 멀어집니다. 그 때문에 조금씩 생각하거나, 서로의 의견을 아웃풋 하는 시간을 가질 필요가 있습니다. 그 구체적인 방법의 하나가 짝꿍 토크 혹은 짝꿍 활동입니다.

옆 사람과 학습을 공유하는 짝꿍 토크나 짝꿍 활동에는 다음과 같은 의의가 있습니다.

① 인풋을 아웃풋 함으로써 기억에 남는다.
  머리로는 알았던 것을, 다시 한번 자신의 언어로 정리할 수 있습니다.
② 이해 수준이나 활동의 진척 상황을 맞출 수 있다.
  '여기까지 중요하다고 생각한 것을 서로 이야기해보자'라든가 '여기까지 빠진 부분이 없는지 노트를 확인해보자'라는 시간을 마련함으로써, 서로 확인하고 이해도와 진도를 맞출 수 있습니다.
③ 다른 사람의 필터를 통해 배울 수 있다.
  같은 이야기를 들어도 사람마다 느낀 점은 다릅니다. 그것을 서로 이야기하며 새로운 관점을 가질 수 있습니다.

④ 계속 집중하기 위해서 잠깐의 해방(한 김 빼기) 효과가 있다.

이야기를 일방적으로 계속 듣기만 하는 것이 어려운 아이에게는 기분전환이 됩니다.

⑤ 생각을 정리하거나, 자신감을 갖게 한다.

전체 발표 전에 짝을 지어 얘기하며 생각을 정리할 수 있습니다. 또 미리 발표 연습을 할 수 있고 상대방의 반응을 보면서 자신감을 갖게 할 수도 있습니다.

그러면서도 그저 뜬금없이 짝꿍 활동을 하면 좋다는 것이 아니라는 것을 이해해 둘 필요가 있습니다. 모든 아이가 같은 학습이 되는 것은 아니며, 배우는 방법에도 각각의 특성과 개인차가 있기 때문입니다.

그래서 질문의 난이도로 조절하면서 짝꿍 토크의 내실화를 도모할 수 있도록 합니다. 예를 들어, 짝꿍 사이에 학습의 차이가 있으면, 다음과 같이 답이 단순하게 나오는 질문으로 설정합니다.

'yes인지 no인지, 둘이서 상의하세요.'

'A or B, 어느 쪽으로 할지 둘이서 결정하세요.'

'빈칸에 해당하는 것은 무엇인지, 둘이서 생각해보세요.'

퍼실리테이션의 구체적인 활용 방법 2. 갤러리 워크

갤러리에서 미술품을 둘러보듯이, 반 친구들의 기술이나 작품들을 둘러보는 활동을 '갤러리 워크'라고 부릅니다. 이 활동의 의의는 다음과 같습니다.

① 공식적인 '자리 이탈의 기회'를 만들 수 있다.

계속 앉아 있는 것이 힘든 아이나 자세가 흐트러지기 쉬운 아이에게 움직일 수 있는 시간을 주어서 마음을 다시 잡을 기회를 줄 수 있습니다.

② 조용한 시간을 만들 수 있다.

'움직이지만 조용한 상황'을 의도적으로 만들 수 있어서 청각 정보에 주의를 빼앗기기 쉬운 아이가 집중할 수 있습니다.

③ 다시 각성할 수 있게 된다.

'서다 → 걷는다 → 앉는다'는 일련의 행동으로 멍하니 있던 아이도 정신을 차릴 수 있기 때문에 집중력을 되찾기 쉽습니다.

④ 개별적인 서포트(intervention, 개입)가 쉬워진다.

모두가 동시에 움직이기 때문에 도움이 필요한 아이 곁에 교사가 함께하는 상황을 만들 수 있습니다.

학급의 규율이 없는 상태에서 시작하면, 그저 무질서한 상황에 빠질 수도 있습니다. 이러한 상황을 예방하기 위해서 전원이 노트에 다 쓰기 전에 중간 경과 확인을 목적으로 한 갤러리 워크를 설정하거나, 갤러리 워크 자체를 단시간으로 설정해서 효율적으로 진행하는 궁리를 하면서, 학급 전체를 성장시킨다는 생각을 갖도록 합니다.

플랜 6. 안심하고 '모른다'고 할 수 있는 교실을 만든다

플랜 6은 앞에 퍼실리테이션에서도 언급했듯이, 누구나 안심하고 '모른다'고 말할 수 있는 교실을 만드는 것입니다.

4장에서는 학급 내 발달 실태의 차이에 대해 언급했습니다. 또 앞에서 언급한 가쓰라의 문헌에서도 학급에는 '이해나 생각의 차이'가 있다는 것을 소개했습니다. 저학년이라도 학습이 늦는 아이가 꼭 있습니다. 행동이 늦고, 지시사항을 못 듣고, 손을 잘 들지 않고, 발표할 때 정리가 잘 안되는 것이 그 증거입니다. 조용히 말없이 지내는 아이의 경우는 그 배경을 알아채기 어려울 수도 있습니다.

이들 중 상당수는 학년이 올라가면서 못하는 부분을 숨기거나, 어물어물 넘기려고 하게 됩니다. 그래서 그런 경향이 아직 뚜렷해지지 않은 초등학교 저학년까지는 솔직하게 '모르겠습니다'라고 말할 수 있는 힘을 길러 '도와주세요'라고 도움을 청하고 도움받는 것을 받아들이는 태도를 기르도록 합니다.

그런데 사람들 앞에서 '모른다'고 말하는 것은 굉장히 용기가 필요한 일입니다. 독자 여러분 중에도 강연회 마지막에 있는 질의응답 시간에 '질문해주시기 바랍니다'라고 해도 좀처럼 질문을 하지 못하는 분이 많을 겁니다. '이런 질문을 해도 괜찮을까?' 아이들도 분명히 같은 불안과 걱정이 있을 것입니다. '아는 사람 있나요?'라고 물어도 손들 수 없고, '질문 있는 사람 있나요?'라고 묻는다고 해서 질문할 수 있는 것은 아니다… 그런 마음을, 먼저 이해할 필요가 있습니다.

여기에 안심하고 '모른다'고 말할 수 있는 교실을 만들기 위한 7가지의 방법을 예시하겠습니다.

1. 학급 전원이 모르는 상태에서 시작한다

아는 아이의 의견으로만 수업이 진행되지 않나요? '아는 사람 있나요?'라는 질문으로 손들게 하고, 한 사람을 지목하고, 한정된 발언으로 진행되는 수업 스타일에서는 모르는 아이는 언제나 자신감을 가질 수 없습니다. 그러므로 '아는 아이가 한 명도 없는' 상황에서 시작합니다.

예를 들면, 문장형 문제 중간에 질문하는 방법입니다. 수학 시간에 '1학년 19명과 2학년 23명이 있습니다'라고 문장형 문제의 일부만 제시한 다음, "아는 사람 있나요?"라고 질문하면 아이들은 분명 "몰라요" "알 수가 없어요"라고 대답할 것입니다.

첫 번째 방법은 전원이 모르는 상태에서 시작하는 것입니다. 이렇게 하면 학습이 늦는 아이도 안심하고 '모른다'고 말할 수 있습니다. 그뿐만 아니라 알고 있는 아이도 생각하고 싶어지고, 답을 급하게 구하는 아이나 바로 대답하고 싶어 하는 충동성이 높은 아이는 한번 멈춰서 생각하게 됩니다. 문장형 문제를 전부 제시하지 않고 한번 멈추거나, 잠시 쉬는 방법부터 도입해보시기 바랍니다.

2. 간접적으로 '모른다'는 것을 확인하는 질문을 한다

'모르는 사람 있나요?'라는 물음에 손을 드는 것은 굉장히 용기 있는 일입니다. 조금 에둘러서 간접적인 표현의 질문을 이용해 '모른다'는 것을 안심하고 밝힐 수 있도록 해봅시다.

"솔직히 감이 안 오는 사람?"

"'어? 뭐지?'라고 생각한 사람?"

"생각할 힌트가 더 필요한 사람?"

"혼자서는 못 풀겠다는 사람?"

"'누가 좀 도와줘!' 할 사람?"

"뭔가 개운치 않은 사람?"

"지금 지명되면 곤란한 사람?"

3. 짝꿍 토크로 발언 연습을 한다

앞서 제시한 수학 문제의 일부 뒤 "이다음에 어떤 말일까요?"라고 질문을 해보세요. 정답이 하나로 좁혀지지 않는 질문은 짝꿍 활동을 단번에 활성화합니다.

그리고 학습이 늦는 아이에게 짝꿍 토크 시간은 이른바 발언 연습의 장이 됩니다. 충동성이 높은 아이에게는 '한 김 빼기'의 의미도 될 수 있을 것입니다.

잠시 후 "어떤 의견이 나왔는지 발표하겠습니다"라고 전체를 향해 발표를 유도합니다. 이미 발표를 연습했기 때문에 많은 아이가 자신 있게 발표할 수 있습니다.

4. 전원이 다 같이 손을 드는 상황을 활용한다

손을 들게 하는 상황은 방법에 따라 전원 참가, 전원 참여의 장이 될 수 있습니다. "자, 모두 손을 들어 주세요. 이제 혼자 할 수 있는 사람은 '묵!' 힌트가 더 필요한 사람은 '찌!'를 듭니다. 다 같이, 시작!"과 같이 반드시 어느 하나에는 해당하는 선택지를 제시함으로 모두를 손들게 할 수 있습니다.

또한, 몇몇 짝꿍의 의견을 발표한 후 선택지를 보여주고, 손가

락으로 자기 생각을 표현하는 방법으로 전원의 예측 경향을 확인하는 상황도 만들 수 있습니다.

5. 자신감의 정도를 표현하게 한다

손을 드는 모습을 보고 자신감의 정도를 어느 정도 짐작할 수 있습니다. 그러나 자신감이 부족한 아이가 우연히 정답을 맞히는 때도 있어, 그 사고 과정을 명확하게 파악할 수는 없습니다. 고학년이 되면 주변 시선을 신경 쓰면서 제대로 손을 들지 않을 수도 있습니다.

거기서 이해의 자신감의 정도를 분명하게 표현해줄 방법을 행합니다.

"자신 있는 사람? / 자신 없는 사람?"

"'절대 그렇다' 생각하는 사람? / '아마 그럴 것이다' 생각하는 사람? / '그럴 수도 있다' 생각하는 사람?"

"'틀림없다!'고 단언할 수 있는 사람? / '생각해볼게요' 하는 사람?"

"100% 단언하는 사람? / 50% 정도인 사람? / 10% 정도인 사람?"

이해 정도에 대한 자각과 자신감을 단계별로 나누어 질문함으로써, 안도감을 가질 수 있도록 합니다. 또한, 친구의 발표를 듣고 자신감의 정도가 바뀌는 것 같으면, 의견을 잘 들은 것을 칭찬하거나 유연한 발상을 가지고 있음을 평가할 수도 있습니다. 이런 방법으로 수업을 통해 학급 분위기를 더욱 확실하게 조성해나갑니다.

6. '모른다'고 말한 아이를 안심시킨다

'모른다'고 솔직하게 말할 수 있는 것은 굉장히 중요한 가치관입니다. 그런데 집단에서는 모르는 상태로 있는 것은 부끄러운 일이라고 잘못 인식하는 것이 적지 않습니다. 사실은 '모르는 상태로 두는 것'이 문제이지, '모른다'고 느끼는 것은 오히려 무한한 가능성을 내포하는 것이라고 해도 과언이 아닙니다.

그래서 "용기 있게 '모른다'고 말해주는 아이는 반의 보물입니다. 여러분의 의문으로 수업이 시작됩니다"라고 말하여 안도감을 주도록 합니다.

7. 교사가 모델을 보여준다

그래도 '모른다'고 사람들 앞에서 말하는 것은 너무 어려운 일인지 모릅니다. 나는 지금까지 '모르겠습니다'라는 한마디를 하지 못하고, '떠들고, 도망치고, 하려고도 하지 않고, 엉망으로 만들고, 숨고, 얼버무리는' 부적응 행동으로 넘기는 아이를 많이

봐왔습니다. 그들의 공통점은 '도움 요청 기술'(헬프 스킬)이 부족하다는 것입니다.(그림 25)

수업 중 아이들의 부적응 원인을 찾아보며, 도움을 요청하는 SOS 기술이 매우 부족하다는 것을 알게 되었습니다. **그런 경우 교사들이 아이들에게 도움 요청의 모델을 제시하는 것도 시도해봅시다.**

"교재를 같이 옮겨줄 수 있을까요?"
"난처하네. 누군가 도와주면 좋겠어요."
"좀 더 자세히 가르쳐주면 좋겠어요."
"당신이기 때문에 꼭 부탁하고 싶어요."

이런 모델을 제시하면서 아이에게 도움을 요청하는 것의 가치를 전달해나갑시다. 그리고 '고마워요' '도움이 됐어' '의지가 되었어'라고 답하여 자존감이나 자기유능감을 높이도록 합니다.

플랜 7. 칭찬하는 횟수를 늘린다

플랜 7은 아이를 칭찬하는 횟수를 늘리는 것입니다. 일상적인 관계를 바꾸면 교실 멀트리트먼트를 개선할 수 있습니다.

• 그림 25 •

남에게 도움을 구하는 일은 미래를 넓힌다!

도움 요청 기술(헬프 스킬)을 사용하자!

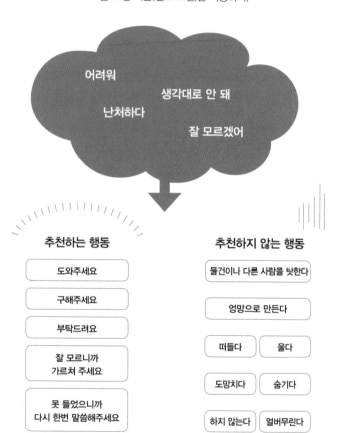

어려워

생각대로 안 돼

난처하다

잘 모르겠어

추천하는 행동

| 도와주세요 |

| 구해주세요 |

| 부탁드려요 |

| 잘 모르니까
가르쳐 주세요 |

| 못 들었으니까
다시 한번 말씀해주세요 |

추천하지 않는 행동

| 물건이나 다른 사람을 탓한다 |

| 엉망으로 만든다 |

| 떠들다 | 울다 |

| 도망치다 | 숨기다 |

| 하지 않는다 | 얼버무린다 |

니와야마 가즈키(庭山和貴, 2020)의 연구논문 '중학교 교사의 언어 칭찬의 증가가 학생 지도상의 문제 발생률에 미치는 효과 - 학년 규모의 긍정적인 행동지원을 통한 문제행동예방'에서는 한 중학교의 2학년 교사 8명을 대상으로 한 연구가 보고됩니다.

이 연구는 수업 중 교사의 언어 칭찬 횟수를 기록하여, 칭찬이 증가한 교사를 주임교사가 칭찬하고, 칭찬이 증가하지 않은교사에게는 칭찬하는 것을 장려하는 방법을 취했습니다.

언어 칭찬의 내용은 '잘하고 있어!' '훌륭하네!' 등의 구체적이지 않은 언어 칭찬과 학생의 행동을 구체적으로 언급하는 언어 칭찬으로 구별하여 기록했습니다. 구체적인 언어 칭찬의 예로 든 것은 다음과 같은 말이었습니다. (밑줄은 필자)

"바로 시선이 모여서 좋네!"
"그래 맞아! 방금 설명을 잘 들었나 보네!"
"필기 예쁘게 잘 썼구나."
"와, 오늘은 벌써 준비를 다했어! 잘했어!"
"벌써 다했어? 빠르네!"
"그래 정답! 잘 기억하고 있었네."

연구의 결과는 눈부셨습니다. 요약해서 정리하면 다음과 같습니다.

문제 행동의 발생률

- 실험군인 2학년은 시작 전과 비교하면 문제 행동이 약 절반가량 줄었다. 더욱이 주임교사가 교사를 칭찬하지 않고 나서도 학생 문제 행동의 감소는 계속됐다.
- 반면, 비교대상군 1·3학년은 감소가 보이지 않았다. 오히려 가을철(9~11월)에는 문제 행동이 증가했다.

평균 수업 참가율

- 실험군인 2학년 4학급 중, 모든 학급의 수업 참가율이 향상되었다.
- 특히, 학급 3과 학급 4는 큰 폭으로 향상되었다.

  학급 3 시작 전 57% → 칭찬을 의식적으로 늘리면 78%

  학급 4 시작 전 54% → 칭찬을 의식적으로 늘리면 71%
- 이러한 효과로 인해 결과적으로 교사의 질책 횟수도 감소했다.

중학교나 고등학교에서는 교사의 위신, 체면, 자존심이 얽혀 '꽉 잡힌 교실 분위기'를 선호하는 부분이 있는데, 이 연구를 참고한다면 그것은 분명 잘못이며, 오히려 아이들은 '선생님이 긍정적인 행동을 응원해주면 좋겠다'는 마음을 품고 있는 것은 아닐까 짐작할 수 있습니다.

학생의 행동을 칭찬하는 횟수를 늘리는 것의 중요성을 시사하는 이 연구 성과는 교실 멀트리트먼트 개선으로 통하는 바가 있습니다. 특히, 중학교는 '학년별'로 함께 행동하는 경우가 많기 때문에 '우리 학년만이라도 해보지 않겠느냐'는 제안이 잘 될 가능성이 커 보입니다.

플랜 8. 마음에 상처를 남기는 '독어'를 사용하지 않는다

플랜 8은 1장에서 소개한 아이의 마음에 상처를 남기는 '독어'(독이 있는 말, 독을 품은 말)를 사용하지 않도록 주의하자는 것입니다.

아이들이 자기 뜻대로 움직여주지 않으면, 초조함이 생기기 쉽습니다. 그럴 때일수록 감정 조절이 필수입니다. 초조함이 쌓이면, 아이들의 기분을 상하게 하는 '독을 품은 말'이 입 밖으로 나와 버리는 경우가 있기 때문입니다. 나는 이것을 '독어'라고 부릅니다.

독어에는 다음과 같은 것이 있습니다.

질문 형식의 추궁

'몇 번 말해야 알아들어?' '왜 그러는 거야?' '야, 뭐 하는 거야?'라는 강한 어조의 질문 형식의 추궁은 독어라고 할 수 있습니다. 진지하게 횟수나 이유를 묻고 싶은 것은 아닐 텐데, 자기도 모르게 질문 스타일로 추궁하는 것은 아닐까요?

추궁해봤자 아이는 대답하지 못합니다. 억지로 말을 시키려고 하면, 이번에는 변명이나 억지를 쓰는 것처럼 느껴져 오히려 화가 치밀어 오르는 결과에 빠집니다. 아이한테 도망갈 길이 없는 추궁은 서로에게 고통밖에 되지 않습니다.

만일, 반사적으로 입에서 나와 버렸을 때는 "선생님한테 이런 꾸중을 들었다고 해도 당장은 고칠 수 없는 문제인데, 미안해"라든지 "네가 왜 그런 행동을 하는지 안다면 너도 그렇게 하지는 않을 텐데. 미안해"라고 바로 사과합니다.

교사의 속마음을 읽게 하는 말투

'하고 싶지 않으면, 더 이상 하지 않아도 돼'라든가 '마음대로 해'와 같이 말의 이면에 있는 의도를 읽게 하는 말투도 조심해야 합니다. 냉대하는 말투로 의욕을 북돋우려고 하는 것은 위협과 같습니다.

'함께 하자' '여기에 맞춰주면 좋겠어'라고 교사들이 진의나 진심을 솔직하게 전하는 것이, 싫은 소리를 하거나 비꼬지 않게 됩니다. 또 아이의 입장에서 '의욕이 생기지 않지?'라고 한번 받아주는 말투도 좋습니다.

협박하는 말투

'빨리 안 하면, ○○ 안 시킨다' '그러면 ○○할 수 없게 되는데, 그래도 괜찮지' 등의 협박으로 움직이게 하려는 말투도 '독어'에 포함됩니다.

예를 들어, "빨리 안 하면 ○○은 인정 못 해"라는 말을 잘못했다면, 즉시 "○○가 할 때까지, 선생님도 좋아하는 거 포기할게"라고, 목표를 공유하는 동지 같은 입장이 되어보는 것은 어떨까요? 이렇게 함으로써 '아이로부터 빼앗았다'가 아니라, 같은 처지가 되어 똑같이 노력하겠다는 각오가 전해집니다.

남의 힘을 빌리는 말

'엄마한테 말한다' '아빠 부를 거야' '교장 선생님한테 혼나'와 같은 남의 힘을 빌리는 말은 교사의 역부족을 드러냅니다. 처음에는 통할지 모르지만, 반복되다 보면 그 사람의 말은 듣지 않게 됩니다. 별로 권하지는 않지만, 어떻게든 '다른 사람의 위엄과 권위'를 빌리고 싶다면, 솔직하게 자신이 연약함을 인정한 뒤 '패배 선언'을 하면 좋을지도 모릅니다.

"선생님도 어쩔 도리가 없네. 교장 선생님께 그렇게 말씀드리자. 같이 잘못했다고 말씀드리자"라고 한다면, 독어의 뉘앙스는 조금 희미해질 것입니다.

아래 학년 아이와의 비교

"그런 행동은 1학년도 안 해." "그런 애는 1학년부터 다시 시작해"처럼 아래 학년 아이들과 비교하는 말투도 불쾌합니다. 또한, 4장에서 상술한 슬로우 러너(천천히 배우는 아이)의 실태를 정확하게 파악하지 못한 경우도 있을 수 있습니다. 학년으로 판단하는 말투는 교사들의 인지편향에 의한 바가 크기 때문에 학년을 넘어 비교하거나 평가하는 것은 엄중히 삼가야 합니다.

만약, 실수로 "그런 애는 1학년부터 다시 시작해"라는 말이 순간적으로 나왔다면 즉시 사과하는 것이 좋습니다.

"미안해. 절대 모르는 척 버려두려는 게 아니야."

"지금 학년으로 기대에 차서 말해버렸네."

"만약, 이 기대가 너에게 부담이 되었다면 미안해"라고 덧붙입니다.

방치하는 말

"그럼, 이제 됐어" "잘 가, 안녕" 등의 방치하는 말도 아이들이 듣기 싫어하는 '독어'에 포함됩니다. 아마도 아이의 마음에 깊이 새겨져 트라우마로 계속 남을 것입니다. 방임하는 것 같은 말이며, 교사가 한 말인 만큼 심리적 압박은 오히려 심각할 수 있습니다.

한번 입으로 뱉은 말은 나중에 좀처럼 회복할 수 없습니다. 그래도 "짓궂은 말투였지? 미안해"라고 솔직한 마음을 표현하고, 그 자리의 분위기를 풀려는 노력은 중요하다고 생각합니다. '잘 가, 안녕… 이라고 말은 했지만 저기서 계속 기다리고 있을 거야 ~'라는 말투로 끝까지 내버리지 않을 것을 강조하는 것도 개선의 첫걸음이라고 생각합니다.

'독어'는 교육이나 지도라는 이름을 빌린 멀트리트먼트입니다. 사용하지 않는 것보다 더 좋은 것은 없습니다. 독어를 입 밖으로 내뱉는 순간, 아이를 이긴 것 같은 기분이 들 수 있고 잠깐은 후련할 수 있습니다. 하지만 한 번 입에서 나온 독어는 직후에 바꿔 말하거나 덧붙인다고 하더라도 되돌릴 수 없습니다. 지금까지 잘못 말했을 때의 개선안을 설명했지만, 애당초 사후에 덧붙이는 데 힘을 쏟을 바에야, 처음부터 철저히 아이에게 상처 주는 말을 하지 않는 것이 좋습니다.

교실에서 자각하지 못한 채 이루어지는 '교실 멀트리트먼트'는 아이들의 교사 불신과 학교 불신을 꾸준히 부추깁니다. 독어를 계속 퍼붓는 학급에서는 다음 연도에 담임을 향한 반발로 학급이 거칠어질 수도 있습니다. 다시 한번 강조하지만, 일상적인 대화에서 개선의 실마리를 찾아가는 것이 중요합니다.

플랜 9. 교무실에서 양질의 커뮤니케이션을 늘린다

플랜 9는 교무실에서의 양질의 커뮤니케이션을 늘리는 것입니다. 교무실에서 아이의 부족함을 비웃는 대화나 학부모를 험담하는 발언, 동료 교사의 인격을 부정하는 뒷담화가 난무하면, 방관자로 끝날 것이 아니라 망설이지 말고 적극적으로 행동합시다. 해야 할 행동은 다음 3가지입니다.

중재자가 되라

"그 지도는 좋지 않아요."

"이제 거기까지만 합시다."

"그 이상 말하면 위험해요."

이렇게 대화나 발언에 제동을 거는 것이 중재입니다. 고도의 지도 기술과 신념을 가진 사람에게 적합합니다.

통보자 · 고발자가 되라

못 본 척, 모르는 척하지 말고, 관리자에게 실정을 보고하고, 교무실 커뮤니케이션의 개선을 요구합니다.

스위처가 되라

'스위처'란 오기우에 치키(荻上チキ, 2018)가 제안하는 역할로

그 자리의 분위기를 망치지 않고 화제를 돌리거나, 분위기가 나빠지는 것을 막아 화제를 잘 전환하는 사람을 말합니다. 누군가의 욕설로 들끓을 것 같을 때, 그 대상이 되는 아이, 학부모, 동료교사의 좋은 점을 일부러 말하고, 그 대상의 캐릭터가 굳어지는것을 막도록 합니다. 예를 들어 "그 아이는 이런 점도 있고 귀엽죠"라든지 "저번에는 이런 것도 하더라고요, 잘 알려지지 않았잖아요"라고 말하는 방식이라면 화제를 잘 전환할 수 있습니다.

때로는 과감하게, 어떤 예능 프로그램에서처럼 험담이 지나친 교사에게 "○○○, 아웃!"이라고 태클을 걸듯이 웃음으로 바꾸는 것도 스위처의 역할을 잘하는 것입니다. 그 외에 차나 과자등을 준비해서 화제를 전환하는 작전도 효과적입니다.

어쨌든 '그 이상은 말하게 하지 않겠다'는 입장을 관철하는 것이 중요합니다. 단, 높은 사회성의 기술이 요구되므로 누구나 목표로 할 수 있는 것은 아닙니다.

플랜 10. 스스로 배우려는 '학습자 체질'을 유지한다

플랜 10은 교사 스스로가 배우고자 하는 학습자 모드를 유지하는 것입니다.

지금까지 9개의 교실 멀트리트먼트 개선 플랜을 정리했습니다. 연수나 직무 훈련 시스템을 통해서 이 플랜을 전할 수는 없을까 생각해보았습니다만, 어려움도 느끼고 있습니다. 왜냐하면, 실제 학교 현장에서는 주어진 연수나 다른 사람이 준비한 직무 훈련 등을 통해서 변화·성장해갈 수 있는 교사는 아주 조금밖에 없다는 매우 안타까운 현실 때문입니다.

배워야 할 사람일수록 연수에 참여하지 않는다, 읽어야 할 사람일수록 책을 읽지 않는다… 학교 관계자라면 이런 이야기를 한 번쯤은 들어봤을 것입니다. 왜 그런 현상이 벌어지고 있을까요? 그 배경에는 다음과 같은 이유가 있습니다.

- '재검토해야 할 것은 자기 자신이다'라고 생각하지 않는 사람이 있다.
  → 그런 사람에게는 무슨 말을 해도 전해지지 않는다.
- 머리로는 알고 있지만 납득을 못하는 사람이 있다.
  → 그런 사람에게는 말이 좀처럼 마음에 남지 않는다.
- 납득을 했는데도, 행동하지 못 하는 사람이 있다.
  → 그런 사람은 설령 과제에 직면해도 움직일 수 없다
- 행동할 수 있는 수준에 도달해도 서툰 사람이 있다.
  → 그런 사람은 겉돌고 '자신의 것이 되기'까지 시간이 걸린다.

결국, 교실 멀트리트먼트의 예방과 개선에 대한 지식을 전달하는 것만으로는 안 되며, 개개인의 교사가 '학습자'가 되고, 계속 성장하는 주체가 되는 '체질 개선'을 지향해야 합니다.

　학습자가 체질을 유지하는 것은 〔그림 26〕과 같이 눈앞에 다가오는 벽을 하나씩 클리어해 나가는 것입니다. '지식을 얻었다' 정도로는 배웠다고 할 수 없습니다. 그 수준에서 연수나 직무 훈련의 목표를 구상하면, 대부분의 사람은 '역시 어렵네'로 끝나버리지 않을까요?

'지식의 벽을 넘어, 머리로 안다.'
'납득의 벽을 넘어, 납득하는 경험을 한다.'
'행동의 벽을 넘어, 해본다.'
'동조(압박)의 벽을 넘어, 주변을 신경 쓰지 않고 해본다.'
'이해의 벽을 넘어, 비로소 알 수 있는 수준에 도달한다.'
'기술의 벽을 넘어, 할 수 있는 레벨에 된다.'
'계속의 벽을 넘어, 계속하는 상태가 된다.'
'습관의 벽을 넘어, 항상 하고 있는 상태가 될 수 있다.'

　교실 멀트리트먼트의 개선을 위한 최후의 플랜은 자기 자신도 학습자라는 자각과 벽을 뛰어넘는 에너지를 계속 유지하는 것입니다.

• 그림 26 •

벽을 넘어 '학습자'로의 체질 개선을 꾀하자

(사토지마, 2018, 149쪽을 일부 개편)

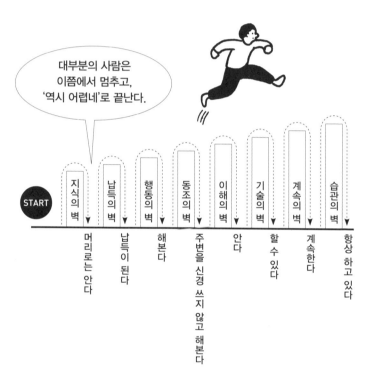

지금까지 교실 멀트리트먼트 개선을 위한 10개의 플랜을 제시했습니다. 그 본질은 교실 멀트리트먼트라는 관점에서 현재의 지도를 되돌아보는 것으로, 그동안에는 보이지 않았던 상황을 재인식하는 데 있습니다. 언어화되어 있지 않으면 아무래도 교사들도 의식하기 어렵고, 언제까지나 깨닫지 못하는 상태가 계속될 것입니다. 결과적으로 문제라고 인식하지 못한 채, 교육 현장의 지극히 당연한 모습으로 끝나 버릴 수 있습니다.

　수업 중에 '아는 사람 있나요?'라고 물어서, 손을 든 아이만 지명하고, 다음 전개로 넘어가는 이 상황 하나에도 손을 들지 못한 아이는 '방임'이라고 느끼지 않았을까 되돌아봅시다.

　'그런 아이는 1학년부터 다시 시작해'라고 아이를 분발하게 하려고 한 한마디 말. 단 한마디일지 모르지만, 그 아이는 '심리적 학대'를 당한 것처럼 느끼지 않았을까 생각해봅시다.

　강한 압박으로 조용한 학급을 만들고 있는 교사. 혹시 '나는 역시 지도력 있어'라고 오해하고 있지는 않은지 다시 한번 생각해봅시다.

　이러한 흔한 일상의 장면에 민감해지고, 하나하나의 에피소드를 아이들의 눈높이로 보며 재확인하는 기회가 늘어나면, 학교 현장은 조금씩 바뀔 것입니다. 교실 멀트리트먼트를 통해 '교사 본연의 자세'를 다시 살펴보는 계기가 되기를 간절히 바랍니다.

6장

안전기지로서의 학교

드디어 마무리입니다. 여기에서는 '안전기지'론을 바탕으로 학교와 교실은 본래 어떤 곳이어야 하는지에 관해 이야기하겠습니다.

안전기지는 4장에서도 언급했듯이 '믿을 만한 사람이 항상 거기에 있어 준다'는 일상으로 이루어져 있습니다. '어떻게 할 것인가?'라는 방법보다 '어떤가?'라는 평소 본연의 자세가 중요합니다. 안전기지 역할을 할 수 있는 교사가 늘어나면, 학교와 교실이 '진정으로 안심할 수 있는 곳'이 되고, 주체적으로 행동할 수 있는 아이도 늘어날 것입니다. 그러나 학교에 펼쳐진 현실을 고려할 때, 좀처럼 이상대로 되지 않는 구조적인 문제를 내포하고 있는 것 같기도 합니다.

이 책의 주제인 교실 멀트리트먼트 문제를 근본적으로 해결하기 위해서도 안전기지로서의 학교를 어떻게 만들고, 그 기능을 어떻게 유지할 것인가는 매우 큰 과제입니다.

'미소'로 '항상 그곳에 있어 준다'는 안도감

안정적으로 애착이 형성된 아이의 특징으로는 탐색 행동이나 놀이 장면에서 안전기지로서 양육자의 존재를 의지하는 것으로 알려져 있습니다. 아이는 마치 '엄마'(여기서는 일차적 양육자(primary caretaker)의 대표로 '엄마'를 예로 듦)가 여기에 있어 주는 것이라면, 나는 저쪽으로 놀러 가보자. 무서워지면 엄마한테 돌아가면 괜찮아'라는 식의 행동을 하는 것입니다.

이러한 안정적인 애착의 기초를 이루는 것은 유아가 발신한 신호에 대한 양육자의 '정서적 응답성'입니다. 예를 들어, 배가 고프거나 기저귀가 젖어서 유아가 울 때 양육자가 유아의 기분을 파악하고 어떤 응답을 들려주느냐 하는 정서적 응답성이 애착의 안정성을 뒷받침합니다.

또 애착이 형성되는 과정에서 아이의 내면에서는 '양육자는 내가 보호를 요청하면 응해주고, 만일의 경우에는 반드시 도와주는 존재'라고 인식하게 됩니다. 그것이 자신에 대해서도 '나는 양육자가 항상 지켜줄 만한 가치가 있는 존재'라고 생각하는 것으로 이어집니다. 이러한 내면적인 상호작용이 활발해짐으로써, 마음의 유대가 형성되고 좀 더 주체적인 행동으로 이어진다고 합니다.

이러한 애착이나 안전지대의 사고방식은 학급경영에도 충분히 적용할 수 있습니다. 교사가 아이들 개개인을 세심하게 살피고 아이의 발신에 따뜻한 정서적 응답성을 계속 유지한다면, 아이들은 모두 교사에게 안전기지의 역할을 느낄 것입니다. 그리고 아이 한 명 한 명이 '이 선생님 밑에서라면 안심하고 주체적으로 행동할 수 있다'는 안도감을 유지할 수 있습니다.

물론, 학급 아이들의 인원수에 따라 '어떻게 모든 아이의 안전기지가 될 수 있느냐' '교사에게 동시에 여러 명이 정서적 응답을 요구하면 어떻게 하느냐'라는 비판도 당연히 있을 것입니다. 만약, 인원수의 문제가 생긴다면 '미소를 멈추지 않도록 노력한다'는 정도만으로도 좋을 것 같습니다.

아이들에게 가장 큰 보상은 교사의 '미소'와 '기쁨'입니다. 이 두 가지가 있으면, 일일이 눈치 볼 필요도 없고 '지금 그대로의 너라도 괜찮아'라고 인정받고 있다고 느껴집니다.

서양 속담에도 미소의 중요성을 말하는 것이 있습니다.

Smile is a medicine with no side effects.(미소는 부작용 없는 약)
Laughter is the best medicine.(웃음은 최고의 명약)

특별한 방법을 강구할 필요는 없습니다. 아이들에게는 '미소를 잃지 않는 선생님이 항상 거기에 있어 준다'는 안도감보다 나은 것은 없습니다.

의욕의 뿌리에는 '애정'이 필수다

애착이나 안전기지 이론의 개념은 주로 생후 1세까지의 기간에 유아가 일차적 양육자에 대해 갖는 정적인 성장 프로세스를 대상으로 한 것입니다. 한편, 모자 관계가 모든 인간관계의 기초라고 하는 한정적인 파악 방법이 아니라, 좀 더 복잡한 인간관계가 존재하는 것에 주목하는 '소셜 네트워크 이론'이라는 사고방식이 있습니다. 이것은 아기가 탄생 직후부터 자신의 요구를 충족시키기 위해 여러 인간과 유대감을 형성하고, 각각의 유대 시스템은 평행하게 발달한다는 이론입니다.(루이스·다카하시, 2007 / 사쿠라이·하마구치·무카이, 2014 / 미즈노, 2021)

교사, 보육교사, 지원자, 동료 등은 아이의 소셜 네트워크의 구성원으로 여겨지기 때문에 학교를 화제로 삼을 때, 안전기지 이론보다 소셜 네트워크 이론을 바탕으로 논하는 편이 좋을지도 모릅니다.

단, 어느 이론을 채용하든 사람에게는 '감정적 지지를 원하는 욕구'나 '감정이나 경험을 공유하고 싶다는 욕구'가 있고, 그것들이 충분히 충족되어 있다는 토대가 있기 때문에 활기차게 활동할 수 있다고 말할 수 있습니다.

애착이나 안전기지 이론과 소셜 네트워크 이론은 입장은 다르지만, 아이가 순조롭게 자라기 위해서는 '애정'이 필수라는 것을 공통으로 시사합니다. 말하자면 '**사람의 의욕 뿌리에는 애정이 필수다**'라는 것이겠지요.

교사의 '안전기지'는 어디에 있는가

그럼, 교사의 미소와 기쁨은 어떻게 만들어지고 유지되는 것일까요? 교사는 아이들의 안전기지인 동시에 스스로도 자신의 안전기지를 찾는 주체이기도 합니다. 교사 자신이 '얼마나 스스로를 소중히 여기는가'를 바탕으로 교사의 미소가 만들어진다고 생각합니다.(그림 27)

현장에 서는 교사에게 "항상 고마워요." "긴장감이 넘치는 매일이지만, 잘 부탁합니다." "포기하지 말아요." "믿어요."라고 말하는 것이 얼마나 일상의 고달픔을 해소시키는가.

교장, 교감 등 관리자 입장에서는 교사들에게 "정말 고마워요." "어려울 때지만, 학교를 잘 부탁합니다."라고 말하는 것이 얼마나 무거운 책임감으로부터 해방시키는가.

교육위원들에게 상사가 "항상 힘들게 해서 미안하네."라고, 현장에서는 "항상 여러분이 도와주시는 덕분입니다."라는 말을 하는 것이 격무로 인한 피로를 얼마나 말끔히 씻어주는가.

교사는 매일 아이들이나 학부모, 동료와의 라포르 형성의 최

• 그림 27 •

'얼마나 소중히 여기는가'로
교사는 미소 지을 수 있다

- 현장의 교사는 '항상 고마워' '포기하지 말아요' '믿어요'라는 감사의 말을 일상적으로 듣고 있는가?

- 교육위원회는 교장, 교감에게 '정말 고마워요' '어려울 때지만, 학교를 잘 부탁합니다'라고 귀하게 여기는가?

- 교육위원은 상사로부터 '항상 힘들게 해서 미안하네' '여러분이 도와주시는 덕분입니다'라고 위로의 말을 듣고 있는가?

교사를 소중히 여기지 않으면,
아이들의 지도에 큰 영향을 미친다.
특히 '상명하복'(上命下服)의 관계로는
관계 방식도 틀림없이 '연쇄'한다.

전선에 서는 직종입니다. 남보다 배나 신뢰 관계에 민감한 직업이라고 해도 과언이 아닙니다. 그런 교사가 '나는 별로 소중히 여겨지지 않는다'고 느낀다면, 아이들의 지도에도 영향이 미치는 것은 당연한 일인지도 모릅니다. 특히 '상명하복' 구조의 일방적인 관계라면, 그 관계 방식은 틀림없이 '연쇄'되어 아이들에게 부정적인 에너지로 향합니다.

'보람 착취'의 원인은 학교를 향한 '과욕'

매우 유감스럽지만, 요즘의 교사에게는 안전기지가 없습니다. 열심히 하면 할수록, 점점 새로운 일이 내려옵니다. 발밑에 치이는 '해야 할 일의 잔해'는 사라져 없어지는 경우는 일절 없고, 그 위에 점점 새로운 '최우선'의 일들이 쌓여갑니다. 열심히 하면 할수록 점점 힘들어지는 매일에 '무엇 때문에 열심히 하는 걸까?' '이렇게 되고 싶어서 열심히 한 게 아니다'라고 외치고 싶은 심정인 사람도 있을 겁니다.

단 한 가지 남은 보람이 있다면 아이들이 성장해가는 모습, 기뻐하는 모습입니다. 그러나 그것마저도 빼앗길 만큼 '허탈감'이 큽니다. 진정으로 마주해야 할 아이들의 '교육적 순간'이 무너지고, 열심히 해도 아무런 보람도 없는 일에 쫓기는 것에 대한 허탈함, 허무감, 답답함 그리고 한심함이 한탄이 되어버리는 것 같습니다.

때때로 문부과학성이나 교육위원회는 소위 '전문가'라고 하는 사람들의 의견만 듣는 것이 아닌가 하는 생각이 들 때가 있습니다. 현장 교사들의 목소리는 절대 닿지 않는 것 같은 높은 곳에서 벌어지는 논의는 교실이나 교무실의 실정과는 너무 동떨어진 것처럼 여겨집니다.

아이들과 마주할 때는 보람과 동시에 리스크가 있기 마련인데, 그러한 '리스크 테이크'(리스크를 짊어지는 것)도 하지 않는 분들이 말하는 '아이의 미래를 위해' '교육을 위해'라고 하는 여러 담론에 이미 분노를 넘어 포기의 상태에 이른 현장 교사가 절대로 적지 않을 것입니다.

요즘 학교 현장의 분위기는 '시키니까 한다' '어쩔 수 없이 한다'는 것이 대부분을 차지하고 있습니다. 의욕의 바탕에 필수적인 '애정'을 느낄 수 없기 때문입니다. 부정적인 동기부여로 내몰리는 교사 밑에서 주체적으로 행동하는 아이들로 제대로 자라날 수 있을까요?

'보람 착취'의 원인은 학교를 향한 '과한 욕심'에서 오는 것이 아닌가 하는 생각이 듭니다.

그리고 '#배턴'까지 넘겨졌다

2021년 3월 26일, 코로나19 사태에 갑자기 '#교사의 배턴'이라는 프로젝트가 시작되었습니다. 교사의 보람과 매력을 널리 전파하기 위한 프로젝트의 의도 자체는 이해할 수 있지만, '보람을 착취하고 있는 당사자들'이 이러한 프로젝트를 만들었다는 사실에 사람들은 '네가 무슨 할 말이 있느냐'는 분노를 금할 수 없었습니다. 수많은 비판과 비난을 받으면서도 아직까지 이 프로젝트는 계속 진행 중입니다.

우치다 료(內田良, 2021)는 '#교사의 배턴'처럼 사태의 부정적인 측면은 언급하지 않으면서 매력의 향상만을 강조하는 방식을 '매혹 모델'이라고 부릅니다. 긍정적인 면을 많이 이야기함으로써, 마치 사태가 개선되고 있는 것 같은 착각을 가져온다는 것입니다.

안타깝게도 교육 분야에서는 '작전상 후퇴'라는 사고가 거의 없습니다. 분명히 잘못된 방향으로 가고 있는데, 왜 그런지 진행이 된다. 그리고 '아니다'라고 생각하는데 왠지 멈출 수 없다. 이런 일이 반복됩니다.

한번 만들어진 것이 기정사실화되어 '멈추는 것은 패배' '돌아가는 것은 마이너스'인 것처럼 생각되는 상황은 '사고정지'의 상태에 있다고 할 수 있습니다.

• 그림 28 •

교육계에 만연한
'사고정지'의 근원이 되는 사고방식

〈교조주의적 사고방식〉

저명한 선생님의 이론, 전문가의 의견이 근거.
안이하게 답을 구하려는 부분이 강해,
왜 그런지를 깊이 생각하지 않는 경향으로 이어지기 쉽다.

〈전례주의적 사고방식〉

전례의 유무가 근거.
전례가 있으면 답습, 없으면 하지 않는다는 '앞을 따라가라'는 생각.
주체성이 부족한 것에 대한 자각이 없다.
'전례답습주의'라고도 한다.

〈형식주의적 사고방식〉

일정한 조건을 만족시키는 것이 요점.
정해진 요건을 충족하기만 하면 되고, 정해져 있지 않으니 손을 대지 않아도 된다는 '보신'적 사고.
조직의 정체로 이어지기 쉽다.

공통되는 것은…

［그림 28］은 교육계에 만연한 사고정지로 이어지기 쉬운 사고 방식을 보여줍니다.

'저명한 선생님이 이렇게 말했기 때문에' '전문가 회의에서 의견이 나왔기 때문에'라는 이유로 일이 결정되는 것은 '교조주의'적인 생각에 근거하는 사고정지입니다.

전례가 있는지를 근거로 전례가 생기면 답습되고, 어느새 '옳은 일'이 되어 가는 것은 '전례주의'적인 사고방식에 근거한 사고정지입니다.

일정한 조건을 충족시켰는지 아닌지를 토대로 일을 진행하려는 것은 '형식주의'적인 사고방식에 근거한 사고정지입니다.

이것들은 수동적·보신적이고 임시방편이 되기 쉽다는 공통점이 있습니다. 그리고 그것을 자각하지 못한 채 일이 진행되어 문제가 더욱 커지고 있다는 것이 교육 현장의 실태입니다.

교실 멀티트리트먼트는 한 교사의 지도 문제로 정리될 수 있는 것이 아닙니다. 여기서 말했듯이, 교사들에게 안전기지가 없다는 점, 학교를 향한 '과욕'으로 보람이 착취당하는 것처럼 느껴지는 점 그리고 사고정지로 임시방편이 되기 쉬운 조직풍토 등과 깊은 부분에서 관련되어 있지 않을까 생각합니다.

SOS를 외칠 수 없다

강연회 강사로 나갔을 때의 일입니다. 마친 후에 한 선생님에게 개인적인 상담을 부탁받았습니다. 그 선생님은 특수학급 담임을 맡고 있는데, 맡은 아이로부터 매일같이 '바보!' '죽어!'라는 말을 들어왔다고 합니다. 그래도 열심히 참았는데, 어느 날 끝내 견디지 못하고 '폭발'해 순간 강한 압박을 가하는 지도로 돌아서게 됐다고 털어놓았습니다.

> 안 된다는 것을 알아요. 나를 보면 아이들 눈이 겁에 질린 걸 알 수 있으니까요. 하지만 나도 듣고만 있으면 개운치는 않습니다.

3장에서도 언급했던 잠재된 '꼰대 교사' 같은 분이셨습니다. 그 표정에서는 어떻게든 도움을 받고 싶은 비장함마저 느껴졌습니다. 내가 "선생님, 오늘 일부러 와주셔서 감사합니다. 강연이 끝난 후에 이렇게 상담까지 받으러 오셨다는 건, 사실 자신을 바꾸고 싶다고 생각하신 것이죠?"라고 하자, 그 선생님은 소리 내며 눈물을 흘리셨습니다.

'변하고 싶지만, 변할 수 없다. 그렇지만 변하고 싶은 마음도 있다.' 이런 양가성(ambivalent) 상태에 빠졌을 때, 'SOS'나 'Help'

를 외칠 수 있는 곳이 교사에게도 필요합니다. 하지만 그 선생님에게는 고민을 들어줄 곳이 없었습니다. 그리고 그런 생각을 하는 사람이 일본 전국에 많이 있을 거로 생각합니다.

나는 그 선생님에게 "먼저, 변하고 싶어 하는 나를 그대로 둡시다. 마음속에 한 발 내딛고자 하는 에너지가 채워질 때가 반드시 옵니다"라고 말해주었습니다.

정신과 의사인 마쓰모토 도시히코(松本俊彦, 2019)의 책에 '도와줘!'라고 구조 요청을 할 수 없는 사람의 심리로 '그 사람은 내심 도움을 청하는 마음이 있으면서도, 그로 인해 편견과 치욕적인 대우를 받고, 커뮤니티에서 배제되고 고립될까 두렵지는 않은가?'라는 구절이 있습니다.

교사는 교단에 서면 외롭습니다. 그리고 눈앞에서 동시다발적으로 문제 상황이 일어날 때, 순간순간 우선순위를 정하면서 대응하는 지극히 동시처리 요소가 강한 직업 특성 아래서 일하고 있습니다. 확실한 정답이 있을 리도 없고, 매일 대략 최적의 답을 찾으면서 보냅니다. 그러한 불안과 괴로움을 덮으려는 듯 교사로서의 위상과 체면, 자존심이라는 '갑옷'을 마음에 두르고 있습니다.

멀트리트먼트의 반대말은 멀트리트먼트를 하지 않는 것(비 멀트리트먼트)이 아니라 '양질의 관계성을 쌓는 것'입니다.

이 책을 계기로 '어쩌면, 지금까지 내 지도는 교실 멀트리트먼트였던 것은 아닐까?'라고 고민하는 독자가 계실지도 모릅니다. 그때 '절대 멀트리트먼트는 있어서는 안 된다'고 비난받는 것이 아니라, '교사도 SOS를 외쳐도 된다'고 안도감으로 받아들일 수 있는 곳이 필요하다고 생각합니다.

아이를 위한 '방파제'가 되자

미국의 문화인류학자였던 고(故) 데이비드 그레이버(David Rolfe Graeber, 2020)는 '보람을 느끼지 못하고 일하는 것은 왜일까?' '쓸 데없고 무의미한 일이 계속 늘어나는 것은 왜일까?'라는 물음에 그 수수께끼를 푸는 열쇠는 '남에게 도움이 되지 않는, 잃어버려도 상관없는 일이 증식하고 있는 것'이라고 하며, 이들을 '불쉿 잡'(Bullshit Jobs, 쓰레기 같은 쓸모없는 일)이라고 불렀습니다. 그 내용은 5가지로 분류할 수 있습니다.(표 5, 필자 보충·개편)

① 누군가를 잘난 체하게 하거나 혹은 잘난 체하는 것만을 위한 '추종자' 같은 일

② 그 일에 의미를 느낄 수 없는데도 그냥 하지 않으면 안 되는 '위협' 같은 일

③ 윗사람의 부주의 등으로 생긴 문제를 원상 복귀시키는 '뒤치다

· 표 5 ·

쓰레기같이 쓸모없는 일

불쉿잡의 5가지 유형

(데이비드 그레이버, 2020, 50~89쪽을 요약, 일부 개편)

❶ 추종자

누군가를 잘난 체하게 하거나, 잘난 체하는 것만을 위해 하는 일

❷ 위협

위협적인 의미를 지닌 일

❸ 뒤치다꺼리

윗사람의 부주의함과 무능이 야기한 문제를 원상 복귀시키는 일

❹ 겉치레

실제로는 잘하지 않는 일을 하는 것처럼 주장하는 '명목상'의 일

❺ 감시

불쉿잡을 더욱 감독하기 위한 목적의 일

꺼리' 같은 일

④ 실제로는 잘하지 않는 일을 그렇게 하는 것처럼 주장하는 명목상의 '겉치레' 같은 일

⑤ 그리고 ①~④를 다른 사람에게 배분하여, 불쉿잡을 만들어내기 위해 존재하며 '감시'하는 것과 같은 일

일본의 교육 시스템이나 학교 조직에도 재검토해야 할 것이 많습니다. 불쉿잡이 산적한 상태에 분노를 느낄지도 모릅니다.

하지만 3장에서 말했듯이, 학교의 업무는 '젠가'처럼 복잡하게 얽혀 있습니다. 하나를 끄집어내려고 하면 다른 문제까지 부속품처럼 붙어 나옵니다. 모든 것을 통제한다는 것은 이미 불가능하다고 말하지 않을 수 없습니다.

나는 이런 상황을 받아들이면서 '내가 통제할 수 있는 부분만이라도 바꿔보겠다'는 마음으로 하루하루 보내고 있습니다. 일할 때 지치는 사람과 지치지 않는 사람의 차이는 스스로 통제할 수 있는 환경에서 일하는지의 여부라고 합니다. 조금이라도 상관없으니까, 내가 통제할 수 있는 '니치'(틈새)를 찾아봅시다. 그리고 자기가 제어할 수 있는 부분만 제거하고, 자신이 정말 하고 싶은 것을 확보합시다. 조금씩이라도 마음의 '여유 공간'이 늘어나는 것만으로도 교실 멀트리트먼트는 예방할 수 있습니다.

'마음에 여유를 가집시다'와 같은 슬로건으로 끝날 것이 아니

라, 실제로 조금씩 바꾸기 위해서 행동하는 것이 중요합니다.

불씻잡이 좀처럼 사라지지 않는 현실에 분노하면서 그 상황에 항거하는 것이 아니라, 떠돌면서 아이들에게 부정적인 영향을 주지 않도록 '방파제'가 되어주는 것을 목표로 해보지 않겠습니까?

공백을 견디는 힘 - 부정적 수용 능력

징계나 위압이나 질책으로 사람의 행동을 통제할 수 없습니다. 사람을 움직이는 것은 '신뢰'입니다.

사회 전체의 개인화가 진행되는 지금, 집단의 질서를 유지하는 데는 상당한 시간과 에너지가 필요합니다. 또 '담임 뽑기'(담임은 고를 수 없고, 복불복이다)라는 말이 나오기 시작하면서, 아이도 학부모도 교사가 안전기지의 역할을 할 수 있을지 없을지 강하게 시험해올 것입니다.

지금 요구되는 학급경영이나 아이와의 관계 방식은 아이의 기분에 따라 아이의 니즈를 파악하고, 함께 생각하고 만드는 것입니다. 전통적으로 행해져 온 교사의 생각대로 아이를 움직이고 억누르고 바꾸려는 것과는 이제 '완전히'라고 해도 좋을 만큼 다릅니다. 그러나 아이와 함께 생각하고 만드는 일은 상당한 시간과 끈기가 필요합니다. 결과가 좀처럼 따라오지 않을 수도 있습니다. 그리고 학부모나 아이들의 마음의 '공백'을 메우는 데도 고심하는 날들이 오랫동안 계속될 것입니다. 그러나 그런 가운데도 성급하게 아이를 바꾸려 하지 말고, 교육은 시간이 걸리는 것이라 생각하고, 거기에 쏟는 열정과 에너지를 멈추지 말아야 합니다.

교사는 외로운 일입니다. 불안이나 마음의 공백이 늘 옆에 있습니다. 불안감을 배제하는 것이 아니라, 불안과 두려움을 받아들이며 살아간다는 생각이야말로 이 일을 생업으로 하는 사람들에게는 유일한 길입니다.

하하키기 호세(箒木蓬生, 2017)는 앞으로의 세상에는 '답이 나오지 않는 사태에 견디는 힘'과 공백과 불안과 함께 사는 것을 견디는 힘이 필요하다며, 그것을 '부정적 수용 능력'으로 소개하고 있습니다.

교사라는 직업에도 앞으로 다음과 같은 일이 필수가 될 것입니다.

- 해결되지 않는 문제에 성급하게 결과를 맞히지 말고, 모든 가능성을 열어놓는다.
- 답이 나오지 않는, 도저히 대처할 수 없는 사태를 잠시 견딘다.

- 조급하게 증명이나 이유를 찾지 말고, 불확실성이나 불가사의, 회의 속에 자신을 내맡긴다.

특별한 방법은 없습니다.

그냥 지금, 이 순간부터 미소를 잃지 않고 따뜻하고 기분 좋은 바람으로 아이들을 감싸는 교사를 목표로 합시다. 그런 교사의 존재가 얼마나 안도감을 주는지, 아이들은 그 가치를 알고 있습니다.

교사의 상처를 치유하고
교실 멀트리트먼트를 끊다

도모다 아케미 × 가와카미 야스노리

가와카미 교실에서 교사가 아이들에게 멀트리트먼트와 매우 가까운 지도를 하고 있는 것은 아닌가, 라는 점이 이 책의 문제의식의 발단입니다.

저는 특수학교 교사로, 그동안 일반 학급을 시원하는 특수교육 코디네이터 일을 오래 했습니다. 보통의 학급에서 학급 붕괴와 비슷한 경우를 많이 보았는데, 그래서 아이들의 모습보다 선생님 본연의 자세가 중요하다는 것을 깨닫게 되었습니다. 선생님 본연의 자세라고 한마디로 표현해도, 실은 그해 선생님의 자세만이 아닙니다. 전년도 선생님과 올해 선생님의 지도 스타일의 차이로 학급이 망가지는 상황을 자주 봤습니다. 전년도 선생님은 아주 고압적인 지도로 아이들에게 말도 못 하게 하고, 조용한 상태로 차분한 학급을 만드는데, 아이들은 불만이 쌓여갑니다. 이렇게 얌전한 아이들이라면 조금 서툴거나 병가로 쉬다 오신 선생님께 담임을 맡겨도 괜찮을 것 같다고 생각하게 되죠. 그러면 새로운 선생님의 압박이 이전과는 달라져서, 갑자기 학급이 붕괴되거나 반 분위기가 거칠어지는 경우를 굉장히 많이 봤습니다.

언뜻 통솔력이 있어 보이는 학급이 사실은 멀트리트먼트와 아주 가까운 상태를 일 년 동안 경험해온 것이 아닐까 하는 것이 문제의 출발점이었습니다.

또, 특수중학교에서 담임을 하다 보면, 초등학교 특수학급에서 적응하지 못한 학생을 받을 때가 있습니다. 그들은 플래시백을 일으켜 자주 공격적인 행동이나 파괴적인 행동에 이릅니다. 자폐증 증상이 있는 아이의 반향언어라고는 생각했지만, 플래시백 했을 때 '반드시'라고 할 정도로 선생님을 향한 말이 툭툭 나왔습니다. 예를 들어서 '최고 학년인데'라든지 '또 나쁜 짓 했어'라든지 '빨리 사과해' '미안하다고 말해'라고 혼잣말을 하는 겁니다. 그런 일들도 경험해보니, 특수학급 아이들의 2차 장애인 강도행동장애도 교실에서 하는 멀트리트먼트와 매우 비슷한 대응 때문에 생기는 게 아닌가 생각했습니다.

또, 특수학교에서도 굉장히 독한 말로 지도받는 것을 듣게 됩니다. 아이에 대해 이해할 수 없는 비꼬는 말, 독이 든 말이 아주 많아요. 분석해보면, 그곳은 관리자들이 갑질로 학교를 경영하는 곳이기도 했습니다. 그리고 그 문제들이 지금까지 학교 현장에서 별로 큰 문제가 되지 않았다는 사실도 있는데, 그런 요소가 모두 연결되어서 학교 현장의 멀트리트먼트에 대해서 고민해봐야 한다고 생각하게 되었습니다. 그래서 일본의 멀트리트먼트 연구 일인자인 도모다 아케미 선생님께 시간을 내주십사 부탁드린 것입니다.

도모다 잘 부탁드립니다. 저는 연구자로서 가정에서의 엄격한 체벌 등 이른바 멀트리트먼트가 아이의 발달, 성장에 관련해 뇌에 미치는 영향을 오랫동안 봐왔습니다. 학교에서의 교사와 학생 관계에 관한 연구는 하고 있지는 않습니다만, 가와카미 선생님이 말씀하신 것 같은 이야기는 자주 있기 때문에 놀랍지 않습니다. 그냥 이 문제에 관해 몇 가지 뛰어난 논문을 제외하고, 왜 그다지 증거에 기초한 연구가 충분히 진행되지 않았는가 하는 것이 항상 의문이었습니다.

먼저 말씀드리면, 가정에서의 멀트리트먼트와 학교에서의 멀트리트먼트는 기간이나 조건 등이 다르기 때문에 공통점은 적습니다. 그래서 가정에서 멀트리트먼트에 대한 해결책을 강구한다면, 학교에서도 비슷한 성과가 있을 수 있다고는 말씀드릴 수 없습니다. '칭찬 양육'이 자기긍정감을 높인다는 연구는 수 없이 많지만, 부정적인 학교 교육이 아이들의 성장에 미치는 영향을 지금까지 연구하지 않았다면, 앞으로 연구해야만 하는 큰 과제일 것입니다.

가와카미 지금까지 학교 교육의 맥락에서 이것에 초점이 잘 맞지 않았던 원인으로는 학교 사회에서 체벌과 성추행에 관해서는 확실히 처분의 대상이지만, '방임'과 '심리적 학대'에 관한 부분은 '지나친 지도'라고 말은 하면서도, 처분의 대상으로까지는 생각하지 않는 것을 들 수 있지 않을까, 개인적으로는 생각합니다. 원래 문제라고 인식되지 않았던 것이 아니냐고 말이죠.

예를 들어, 격려나 칭찬을 하지 않는다거나, 지원이 필요한 아이에게 합리적 배려를 하지 않는 것도 방임과 유사한 지도이지 않을까 생각합니다. 또, 위압적이고 고압적인 지도력으로 억누르는 지도, 아이가 자신감을 잃을 정도의 강한 질책, 아이의 인격을 존중하지 않는 언행 등은 심리적 학대와 유사한 지도라고 할 수 있습니다. 저는 그것들을 포함해서 '교실 멀트리트먼트'라고 여기고 있습니다.

도모다 교육 현장의 멀트리트먼트에 대해서 예를 들면, 강제적인 교육은 교육의 학대 또는 박탈과 같고, 또 아이들이 하고 싶은 것을 시키지 않고 적당히 교육하는 것은 교육의 방임이나 다름없습니다. 참고로 우리는 가능한 한 예방적 시각에서 아이를 키우는 부모를 탓하는 식으로 만들지 않기 위해 멀트리트먼트(어른의 아이에 대한 피하고 싶은 행위)라는 단어를 사용하고 있습니다.

구체적으로는 선생님이 말씀하신 것처럼 칭찬하거나 격려를 전혀 하지 않고, 오히려 계속 과잉 강제적인 교육을 하고, 성적이 오르지 않는 아이를 지나치게 질책하는 그런 것이지요. 교육기본법으로 체벌이 금지되어 있기 때문에 학생을 때리는 일이 있을까 싶지만, 말로 지나치게 질책하거나 아이가 자신감을 잃게끔 가르치는 것은 당연히 좋지 않습니다. 또 특수학교의 사례도 가와카미 선생님께서 말씀하셨지만, 계속 혼내면서 지도하는 것은 특수교육에서도 당연히 있어서는 안 됩니다. 2016년 이른바 장애인차별금지법이 생겨 합리적 배려 제공이 의무화되었으니, 아이들의 연령, 능력, 학습 스타일에 맞지 않는 교육내용을 학교가, 특히 교사 측이 마음대로 하는 것은 좋지 않겠지요. 또 덧붙여 말하면, 관리자들의 교원에 대한 괴롭힘도 있기 때문에 이건 교실만의 문제가 아닌 것 같습니다.

가와카미 교실만의 문제는 아니다, 말씀하신 대로입니다.

도모다 학교 현장에서는 아이들에 대한 교사의 멀트리트먼트 뿐만 아니라, 지금은 교사 사이에도 왕따 문제가 있으니까요.

또 잊지 말아야 할 것은 아이들도 어릴 때부터 가정에서 멀트리트먼트 받고 있을 가능성이 있다는 것입니다. **이중의 피해를 입지 않도록 하는 것이 중요**합니다. 저희 연구에서는 애착장애가 일반적으로 생각되는 발달장애와는 분명히 다른 병태라는 것을 보고해왔습니다. 그런 원래 자기긍정감이 굉장히 낮은 애착장애의 아이가 학교에서 마음에 상처가 되는 지도를 받게 되면, 그로 인해 더욱 나빠질 가능성이 있고, PTSD(심적 외상 후 스트레스장애) 같은 증상도 종종 나타납니다.

오해가 있으면 안 되니까, 여기서 PTSD에 관해서 설명하겠습니다. PTSD는 급성기 반년 이내에는 증상이 나타나지 않습니다. 그러니까 만약 담임선생님의 폭언이 있었더라도 그것은 급성 트라우마니까, 반년 정도는 PTSD가 되지 않습니다. 수년이 지난 후에 아까 말씀하신 것 같은 아이들의 에피소드가 나오는 것이 만성적인 트라우마 장애, 즉 PTSD입니다. 그때 어릴 때부터 불우한 양육 경험이 없는지, 형제 사이에 능력을 비교당하는 육아는 아니었는지, 즉 어떤 아이의 언어 발달이 늦는데, 아이의 형제가 우수하거나 하면 부모로부터 노골적으로 비교당하는 등의 관계이지요. 또 하나 잊으면 안 되는 것은 아이들 사이의 '왕따'입니다. 이것은 바로 커밍아웃 되지 않고 몇 년이 지난 후에 나오기도 합니다. 가와카미 선생님의 말씀처럼 학교 현장에서 교사의 행위도 물론 무시할 수 없지만, 정말로 여러 가지 요소가 있다는 것을 잊어서는 안 됩니다.

특히, 그 아이가 자라면서 큰 토대가 되는 사회적 기반 형성이 중요하죠. 가정환경은 부자가정·모자가정일 수도 있고 외국 국적일 수도 있는 것처럼, 유소년기 가족의 상황이 매우 다양해지고 있습니다. 또한, 핵가족화도 진행되고 있습니다. 고립된 가정에서 어떤 양육 경험이 있었느냐는 것이 낮은 자기긍정감으로 이어지고, 학교 교육에서 멀트리트먼트를 더 쉽게 받는 것으로 악화될 수 있다고 생각합니다.

가와카미 학부모와의 관계를 생각해보면, 다음과 같은 상황이 교무실이나 연수 등에서 자주 화제가 됩니다. 전화상담으로 오늘 학교에서 일어난 일을 얘기하면서, 학교가 하지 못한 일을 가정 탓으로 돌리는 식의 '고자질' 같은 교사의 말투입니다. 학교라는 요소가 가정에서 아이와 부모와의 관계에 큰 관련이 있는 것 같습니다. 전화는 일례에 불과하지만, 교사가 학부모를 추궁하는 것 같은 방법 때문에 부모가 아이를 대하는 태도에도 영향을 주는 것은 아닌가, 즉 학부모가 교사로부터 뭔가 지적을 받은 후 아이에 대한 태도를 더욱 강하게 바꾸거나 하는 등의 영향을 주는 것은 아닐까 하는 우려가 있습니다.

교사의 스트레스

도모다 이야기를 들으면서 느끼는 것은 학교에서 일어나는 문제를, 예를 들면 '젊은 선생님이니까 그렇다'로 매듭짓는 것이 아니라, 어느 선생님이나 열심히 하고 있다. 물론 그것이 헛수고가 되는 상황도 적지 않겠지만, 그렇기 때문에 잊지 말아야 하는 것이 교사의 스트레스 문제입니다. 학교 선생님 자체가 너무 힘들지 않나요? 아이들과 필요 이상으로 강하게 부딪치거나, 부정적인 지도를 한다는 것은 선생님 스스로에게 직무나 의무가 너무 많아서 내몰리고 있는 것이라고 말하고 싶습니다. 지금 선생님이 말씀하신 것처럼, 아이의 부모에게 고자질처럼 전달하는 것은 그 선생님의 자질 문제라기보다 그만큼 선생님들이 여유가 없는 것일 수도 있습니다. 사람이 여유가 없어지면 물론 말투는 좋지 않겠지만, 다른 사람에게 책임을 전가하거나 하기도 하잖아요?

가와카미 교사의 스트레스는 틀림없이 있을 거라고 생각합니다. 여러 가지 요인이 얽혀 있겠습니다만, 예를 들면 젊은 선생님들은 지도할 때 이쯤에서 물러서야 할지 아니면 물러서면 안 될지 고민하는 분이 꽤 있는 것 같습니다. 그건 아마 주변 선생님들의 시선을 지나치게 의식하기 때문인 것 같습니다. 물러서면 지는 것처럼 느껴지고, 그렇다고 '안 되는 것은 안 돼'라고 하면, 아이의 행동이 거칠어지거나 패닉을 조장하기도 합니다. 어쨌든 이원 대립으로 고민하는 선생님이 매우 많죠. 그 '중간'이 있다는 것을 알려주는 사람이 거의 없다는 것이 큰 것 같습니다.

도모다 '스트레스의 3원칙'이라고 하는 것이 있습니다. 첫 번째는 **요구도**가 높은지 여부입니다. 사장과 사원 관계라고 가정해봅시다. '이만큼의 매출 할당량을 채워라' '이만큼 영업을 해라'라는 사장의 요구도가 점점 늘어나면, 사원의 스트레스가 늘어납니다.

두 번째는 **자유도**가 있느냐 없느냐입니다. 즉 사장이 '너는 여기만큼만 해라. 그 이후에는 할 필요가 없다.' 직원으로서 그건 하기 싫은 일인데, 이런 식의 자유를 주지 않는 회사. 교무실을 하나의 회사라고 생각하면, 예를 들어 '이렇게 수업하고, 그 이상 쓸데없는 것을 가르쳐서는 안 된다'라고 한다면, 당연히 교사의 스트레스는 늘어납니다.

세 번째는 **지원도**입니다. 역시 사장님, 학교에서는 교장 선생님이나 교감 선생님이 사원인 교사가 실패해도 제대로 책임지고 서포트(지원)해준다면, 수치화된 증거가 없기 때문에 강하게 말할 수는 없지만, 관리자나 교육위원회 등의 지원이 높은 학교는 멀트리트먼트가 줄지 않을까 생각합니다.

적어도 기업에서는 스트레스의 3원칙이 좋은 방향으로 바뀌면, 직원들의 스트레스가 줄어듭니다. 이것을 학교에 대입한다면, 선생님들의 스트레스가 줄어들고 결과적으로 아이들에게 긍정적인 지도를 할 수 있습니다. 가설일 뿐이지만 요구도, 자유도, 지원도가 있는 학교 현장과 없는 학교 현장에서의 상황은 다르지 않을까 생각합니다.

특히, 교육에는 자유도가 있는 게 좋겠죠. '안 되는 건 안 돼'보다도 선생님의 재량으로 자유로운 지도가, 특히 특수교육에서는 더 요구된다고 생각합니다. 아이의 특성에 맞게 지도한다는 것이 장애인차별금지법의 기본 개념입니다. 그리고 지금은 당연하다고 생각하지만, 무슨 일이 있을 때는 교장 선생님이나 교감 선생님이 반드시 지원하는 체제를 갖는 것이 중요합니다.

애착장애의 이해

가와카미 충분히 이해됩니다. 학교 상황도 빠르게 변하는 가운데 일선 교사들이 학교 불문하고 스트레스가 많다는 점에서 좀처럼 벗어날 수 없는 상황 또한 있을 것입니다. 또 다른 측면의 변화라고 하면, 예를 들어 학교기본통계에 따르면, 최근 10

년간 자폐증, 정서장애의 특수학급 재적자 수는 현격히 늘고 있다고 합니다.[13]

도모다 어쩌면 경도 발달장애에 대한 인지가 높아지는 것도 하나의 이유일지도 모르겠네요.

가와카미 그렇습니다. 그렇다고 생각합니다.

도모다 지난 10년 동안 출산율은 낮아지는데, 자폐증·정서장애는 늘어나는 이유 중 하나는 발달장애인 지원법이 생기고 ADHD(주의력결여·다동증)의 약물치료가 행해지면서, 자폐 스펙트럼증의 여러 종류의 질환이 알려졌다는 것입니다. 출산율이 낮은데도 경도 신경발달증(발달장애)이 큰 비중을 차지하고 있습니다. 당연하지만, 저출산 속에서 형제가 적어지면 '왜 우리 아이는 학교 숙제를 집에서 하지 않을까?' '왜 성적이 늘지 않는 것일까?' 등 부모의 시선이 한 아이에게 쏠리기 때문에 여러 교육기관이나 지원기관을 이용할 가능성이 커집니다. 그렇기 때문에 이런 결과가 나올 가능성도 있습니다.

---

13 문부과학성, 「일본의 특수교육 상황에 대해」「새로운 시대의 특수교육의 본질에 관한 전문가회의」, 2019년 9월 25일 http://www.mext.go.jp/kaigisiryo/2019/09/_icsFiles/afieldfile/2019/09/24/1421554_3_1.pdf (최종 액세스 2022년 4월 7일)

가와카미 실제 학교 현장에서도 특수교육이 시작된 지 13년 (※대담 2020년 당시)이 되니 선생님들의 의식이나 새롭게 교사가 된 세대의 의식이 많이 달라지는 것 같습니다. 그리고 학부모들의 기대도 많이 높아지고 있어, 자폐 정서장애와 관련하여 학급 재적을 희망하는 분도 많아지고 있다고 생각합니다. 그러면서도 자폐증, 정서장애 특수학급 재적자 수가 늘어난 것이 꼭 반가운 일이 아니라, 오히려 그쪽으로 몰아가는 듯한 대응을 한다는 얘기를 듣기도 했고, 그 수치의 배경에 관해 알아보고 싶은 마음도 있습니다.

도모다 덧붙여서 말하면, 정신과 의사 스기야마 도시 선생님이 말씀해주신 것인데, 거기에는 적지 않게 학대로 인한 발달장애가 포함되었다는 것입니다. 자폐증과 애착장애의 증상은 임상적으로는 거의 차이가 없습니다. 예를 들어, 사회 속에서 사람과 사람 사이의 거리가 유지되지 않는다거나, 충동적인 행동도 하지만 처음에는 매우 거리를 둔다거나 또는 외톨이에 가깝다거나 친구를 잘 사귀지 못한다거나 하는 것입니다.

가와카미 그렇군요. 애착장애 얘기를 하자면 학교 현장, 특히 교사들에게는 안전기지 역할이 굉장히 요구되거든요.

도모다 아주 중요하죠.

가와카미 그런데 안전기지가 되지 못하는 선생님도 꽤 있고, 그것이 상당히 문제라는 생각도 듭니다.

도모다 애착장애를 모르는 선생님이 있나요?

가와카미 꽤 있는 것 같습니다. 가볍게 보는 경우도 있고, 너무 빠져 있는 경우도 있습니다. 애착장애 자체에 대한 연수가 거의 없습니다.

도모다 그게 문제네요. 학교 선생님을 나무랄 생각은 추호도 없지만, 지금 발달장애라는 것이 점점 독립적인 개념이 되어서, 아이에게 문제 행동이나 여러 가지 증상이 있으면 아무래도 쉽게 발달장애라고 진단합니다. 애착장애 증상이 나타나는 것을 보고 '발달장애가 아닐까' 의심하여 검사를 했더니 애착장애였던 경우가 종종 있습니다. 애착장애는 발달장애와 병존하며, 경우에 따라 독립적인 개념의 애착장애는 유소년기 양육자로부터 멀트리트먼트 경험에 의해 야기되는 증상이기 때문에, 그것은 확실하게 구분하지 않으면 큰일 납니다. 지금까지 특수학교에 애착장애 아이가 많다는 것은 이미 많은 보고가 있었습니다.

가와카미 도모다 선생님이 말씀하신 것처럼 애착장애에 학교가 어디까지 공헌할 수 있는지가 핵심이라고 생각합니다. 교사는 안전기지 역할을 확실히 하지 않으면 안 되고, 그것이 아이들의 성장에 더 나은 영향을 줍니다. 그런데 이러한 지식이나 사고방식에 대한 관심 자체가 쏙 빠진 채로 '어떻게 하면 빠르게 이 아이들을 진정시킬 수 있을까?' 하는 지도의 방법론만을 원하는 교사들의 요구를 최근에 더욱 느낍니다.

도모다 그런 이야기를 들으면 역시 선생님들도 스트레스가 많아서 여유가 없었겠네요. 아이들을 교육하는 데 있어서 우선 **아이들의 특성 이해가 먼저 돼야만** 합니다. 선생님들이 학교에 애착에 문제가 있는 아이가 온다고 이해를 해두면, 학교는 충분히 안전기지가 될 수 있습니다. 당연하지만 애착의 재형성은 학교 선생님들과도 가능합니다. 애초에 그것을 알지 못하면, 좋은 방향으로 나아갈 수 없습니다. 애착장애에 대한 이해가 있다면, 선생님들은 안전기지로서 더욱 기여할 수 있을 것입니다. 그것은 큰 노력이 필요하지 않고, '애착의 재형성은 충분히 가능'하다는 것을 전제로 할 수 있으므로, 더욱 계발하는 것이 중요하다고 생각합니다.

교사 자신의 어린 시절을 되돌아본다

가와카미 이 책에서는 '압박'이라는 단어를 사용하고 있는데, 그것이 교실 멀트리트먼트와 밀접하게 연결되어 있는 것 같습니다. '압박'이라는 것도 명확한 근거를 파악하기가 어렵기 때문에 스스로 자각하여 정리하고, 주관적 평가에만 머무르는 부분이 있습니다. 압력이 굉장히 강한 선생님의 특색과 그것으로 인한 부정적인 면이 있고, 반대로 압박이 약한 선생님은 안정감을 주는 한편, 중심이 흔들리기 쉬운 부분도 있겠지요. 도모다 선생님은 다양한 부모와 아이들을 만나셨을 텐데요, 이 '압박'이라는 것과 관련 있는 이야기나 사례가 있습니까?

도모다 아까 말씀드렸듯이 학교에서 '아이가 발달장애인 듯하다'라고 해서 부모가 저에게 데리고 와서 보면, 사실 애착장애인 경우가 많습니다. 아이에게 가하는 압박의 강도는 부모에 따라 제각각이지만, 부모가 어린 시절에 문제가 있던 경우가 적지 않습니다. 부모가 어린 시절에 두들겨 맞았거나 고함을 들으며 자랐다면, 같은 일을 아이에게도 한다는 것입니다.

가와카미 세대 간 대물림이군요.

도모다 그렇습니다. 자기가 부모에게 받은 것과 같은 양육을 이제 어른이 되어, 부모가 되어 하는 것입니다. 자기가 어렸을 때 잘못해서 맞기도 하고 혼나기도 했다면 똑같이 합니다. 어린 시절에 칭찬을 받아본 적이 없다는 부모가 참 많습니다. 어렸을 때 칭찬을 받지 못하고 자란 사람은 부모가 되어서도 내 아이를 칭찬할 수 없는 거죠. 그래서 저는 부모님들을 칭찬하려고 합니다. 아이들에 대한 압박의 정도에 관해서는 여러 부모님이 계셨지만, 그 배경에는 부모 자신이 어린 시절에 받은 멀트리트먼트의 경험이 강하게 반영되어 있다는 것은 틀림없습니다.

때문에 가와카미 선생님의 말씀도 한 측면으로 보면 옳다고 느껴지지만, 제 입장에서 생각한다면 그 선생님이 위압적인 지도를 하는 배경에는 **그 선생님의 어린 시절, 즉 중요한 발달의 시기에 어떻게 성장했는가** 하는 점에 주목해야 한다고 할 수 있습니다. 그 선생님 자체가 나쁘다는 말이 아니라, 그 선생님이 어린 시절에 아버지나 어머니, 경우에 따라서는 할아버지, 할머니 등 주변 가족으로부터 엄한 훈육을 받은 것은 아닐까, 라는 것입니다. 어린 시절에 가정에서 자기긍정감을 높일 수 있는 육아를 받아왔는지 아닌지가 영향을 미치고 있는 것이죠.

가와카미 자기긍정감을 높이는 관계를 맺어온 아이는 어른이 되어서도….

도모다 긍정적이지요.

가와카미 그런 선생님이라면 아이와의 관계에서도 그 아이의 자기긍정감을 높일 수 있는 관계 맺음이 있다는 것이군요. 압박을 강하게 하는 어떤 선생님께 말씀을 들어보니까 그건 그래서 불안감이 배경이 있다고 하더라고요. 이렇게 강하게 압박하지 않으면, 아이들이 말을 안 듣지 않을까, 학급이 분란해지는 것은 아닐까 하는 그런 불안감이 배경에 있다고 하더라고요.

도모다 그렇겠지요. 불안이라는 것도 한편으로는 그 선생님 자신의 자기긍정감이 낮다는 것이겠지요. 가와카미 선생님의 말씀처럼 자신이 지도받은 선생님으로부터 영향을 받는다고 생각합니다. 인격 부분은 유소년기에 형성되기 때문에 역시 유소년기의 경험에 의한 것이 크다고 생각합니다.

교사의 역할

가와카미 유소년기의 경험이 자기긍정감 성장에 영향을 준다면, 학교가 관련된 시기는 대략 6세에서 18세 정도가 되는데요.

도모다 길죠. 중요한 시기지요.

가와카미 그때 교사의 역할은 어떤 것일까요?

도모다 그 아이에게 맞는 지도를 해나가려면, 먼저 그 아이와 신뢰 관계를 쌓아가지 않으면 안 됩니다. 이 과정이 중요합니다. 일률적으로 그 아이가 반드시 불우한 가정에서 자라고 있다고는 생각하지 않지만, 그러한 경우에는 자기긍정감이 낮아서 '어차피 나는 공부해봤자'라고 자포자기하고 의욕도 없이 문제 행동을 일으킬 수도 있다고 생각합니다. 그럴 때 계속 지켜봐 주며 혹시 모를 때의 피난처가 되어주는 것이 중요합니다. 그리고 **'나는 너를 계속 지켜봐 줄 거야'**라고 확실한 유대를 만드는 데 시간을 투자해야 할 것입니다. 절대 쉽지 않은 일이긴 하지만, 유대감을 쌓아가는 것으로 애착의 재형성도 가능합니다. 재형성이 가능하면 그 아이가 안고 있는 문제, 예를 들어 가정에서 부모와의 관계에 문제가 있을 때 선생님과 상담할 수도 있다고 생각합니다.

가와카미 유대와 신뢰 관계라는 것이, 우리도 그렇다고는 생각합니다만 아이도 자기가 인정한 어른, 자신을 이해해주는 어른과는 신뢰 관계를 만들 수 있지 않을까 하는데요.

도모다 그렇지요. 특히, 아이가 점점 줄어드는 이 시대에는 선생님들이 그 역할을 담당하고 있다고 생각합니다. 앞으로의 세대를 짊어질 아이들이 이후에도 계속 자기긍정감이 낮은 상태라면, 또 그다음 세대도 위기가 되겠죠. 그런 의미에서도 애착의 재형성에 마음을 쏟는 것이 매우 중요한 일이라는 것을 이해해 주시면 감사하겠습니다. 공부만 가르치면 된다거나 학습지도요령만 달성하면 된다는 것이 아니라, **신뢰 관계를 구축하는 것도 중요한 교육의 하나**라는 것을 강조하고 싶습니다.

가와카미 자기긍정감을 높이는 데 교사가 한몫을 하는 시대가 되고 있다는 것이군요. 예를 들어, 가정에서 부모와의 관계로 자기긍정감이 떨어진 아이의 경우, 뇌가 회복하는 데 얼마나 시간이 걸립니까?

도모다 어렵습니다만, 그 기간이 짧다면 회복은 빠릅니다. 몇 달 만에 건강해진 아이도 있습니다. 그런데 이게 년 단위가 되면 역시 길어집니다. 저는 소아과 의사입니다만 2, 3일의 감기라면, 2, 3일에 고칠 자신이 있습니다. 2, 3주의 기관지염, 폐렴이라면 계속 잔기침이 멈추지 않거나 해서 회복까지 2, 3주는 절대 걸립니다. 계속 잔기침이 멈추지 않는다거나. 그리고 수년에 걸친 마음의 상처라면 역시 몇 년이 걸릴 거라고 생각합니다. 외과적으로 말하면 좋지 않은 부분을 제거한 것이니까, 바로 '그래, 다 나았다'는 되지 않는다는 것입니다. 경우에 따라서 상처가 남아 있을 수 있지만, 남아 있더라도 제대로 커버할 수 있는 자기긍정감이나 다른 사람들과의 애착 형성이 중요합니다. 그러니까 **'치료'보다는 '치유'**입니다. 선생님들께 말씀드리고 싶은 것은 **'치유' 할 수 있는 담당자의 한 사람이 되어 주셨으면** 합니다.

　지금은 어릴 때부터 왕따가 상상 이상으로 많죠. 그런 트라우마 경험에 대해서 선생님이 '힘들었겠다. 선생님도 알고 있어'라고 말하면 아이들도 조금씩 마음을 열게 되고 과거의 힘든 기억으로 가지 않게 될 것 같습니다. '잊어라' '그런 건 아무 의미가 없어'라고 하는 것이 아니라, '힘들었겠다. 하지만 네가 잘못한 게 아니니까, 앞을 내다봐' '네 미래는 네가 바꿀 수 있어. 네가 잘못해서 이렇게 된 게 아니니까'라고 말해주는 겁니다. '내가 잘못해서 왕따 당했어' '나 때문에 부모님이 싸웠어' '나 때문에 부모님이 이혼했어' '나 때문에 부모님이 헤어졌어'라고 마음 졸이며 '전부 내가 잘못했다'고 생각하는 아이에게 '네가 잘못한 게 아니다'라고 말해줍니다. 그런 심리적인 교육은 상담 교사뿐만 아니라 담임선생님도 할 수 있습니다. 자기를 제대로 알아주는 상대에게 아이도 마음을 열고 자기 일을 말하게 되니까 그런 마음의 교류를 꼭 해주면 좋겠습니다. 아이들의 인격 형성에 중요한 담당자이므로 선생님 개개인의 역할이 매우 중요합니다.

가와카미 그렇죠. 한편 왕따에 관해서 학교 분위기가 그렇게 만든다는 견해도 있습니다.

도모다 '학교의 풍토'라고 하지요. 저도 참가하고 있는 '아이들 모두 프로젝트'[14]에서도 '학교 풍토 척도'[15]라는 것이 제시되어 있습니다. 학교 풍토가 나쁘면, 인간관계가 나빠지거나 마음의 여유가 없어지거나 스트레스가 증가합니다. 그리고 왕따도 많아지고 학급 붕괴로까지 이어진다는 견해입니다. 시즈오카현의 초등학교·중학교의 데이터로 얻은 결과입니다.

교사끼리 칭찬으로 기르고 서로 의지한다

가와카미 왕따 등이 늘어나는 요인은 교무실의 풍토, 즉 교사끼리의 관계성이나 분위기와도 얽혀 있는 것 같습니다. 예를 들어, 옆 교실에서 멀트리트먼트적인 상황이 보이면, 아마 그것을 동료에게 전달하는 데 무척 주저할 것입니다. '지도의 일환으로 한 일'이라고 하면 외람된 일이 되어버리고, 그렇다고 모른 척하

---

14 등교 거부, 왕따 등의 아이의 문제를, 마음의 발달의 시점에서 해결하기 위해 발족된 교육 현장이나 10개 대학이 연관하는 프로젝트
15 http://www.kodomo-minna.jp/school_climate/ (최종 액서스 2022년 4월 7일)

면 아이들의 자기긍정감은 분명히 떨어질 것입니다. 어쩌면 다음 해에 그 아이들을 담임을 하거나 마주칠 수도 있고, 아니면 내일 복도에서 스쳐 지나갈 수도 있습니다. 이럴 때 주변에 있는 선생님들은 어떻게 행동해야 할까요?

도모다 동료 선생님에게 무언가 말을 한다는 것은 상하 관계도 있기 때문에 어려운 부분이네요. 그렇지만 아이를 지키는 것이 선생님의 역할이기 때문에 혼자 상대할 것이 아니라 상사인 교장 선생님이나 교감 선생님, 아니면 이해할 수 있는 선생님과 상담하고, 이대로라면 이 학급은 힘들지 않을까 하는 것을 이야기합니다. 용기를 가지고 그런 기회를 만들어가면 좋겠네요. 일대일이 되면, 실례가 되거나 험한 상황이 되거나 해서 상대방도 굳어질 가능성도 있습니다. 아까부터 얘기했듯이, 그 선생님의 스트레스도 포화상태일 것이 예상되기 때문에 동료 선생님들이라도 "선생님, 요즘 피곤하지 않아요?" "힘드신 거 아니에요?"라고 말을 걸어주면 정신이 번쩍 들 수도 있습니다. 즉 "당신, 이거는 폭력이야!"라든지 "지도가 너무 심해요"라고 지적하는 게 아니라, 그 선생님이 처한 상황에 다가가서 선생님의 마음을 먼저 이해해주는 것입니다. 이것이 제일 중요합니다.

가와카미 선생님도 칭찬을 받지 못하셨군요.

도모다 그렇습니다. 칭찬받고 자라지 못했습니다. 칭찬을 받고 자라지 않은 사람이 학교 선생님이 된다면, 자기가 담임하는 학생을 잘 칭찬하지 못하게 됩니다. 어렵겠지만, 그것은 유소년기부터의 영향이라고 생각합니다.

그래서 학교 관리자의 매우 중요한 역할이 '선생님, 고생이 많으시네요.' '잘하고 계시네요.' '대단하네요'라고 하며 열심히 하는 선생님을 제대로 위로하고 보살피는 것입니다. 그 선생님의 부정적인 면만 볼 것이 아니라 상사로서 열심히 하시는 선생님들을 '칭찬으로 양육하기'에 앞장서 주시길 간곡히 부탁드립니다.

그리고 다음에는 선생님끼리 서로 칭찬을 합니다. A 선생님이 B 선생님의 **좋은 점만** 칭찬합니다. 사람이기 때문에 장단점이 있는 것이 당연하지만, 단점을 보지 말고 '잘하고 있어서 대단하네' '일찍 나왔네' 등 좋은 점을 칭찬해줍니다. 이렇게 천천히 유대감을 쌓으며 거리감이 조금 좁혀졌을 때 "어렸을 때 부모님의 양육 방법은 어떠셨어요?"라고 물어봅니다. 하지만 그것은 어디까지나 그 선생님의 과거이지, 지금의 그 선생님을 부정하고자 하는 것은 아닙니다. 경우에 따라서는 어른들도 거기서부터 달라질 수 있습니다. 때문에 선생님들도 서로 '칭찬으로 양육하기'를 해야만 할 것 같습니다.

가와카미 선생님들도 아이들처럼 긍정적인 관계를 계속 쌓아가면 본연의 자세가 달라진다는 것이군요. 굉장히 이해가 됩니다.

도모다 그리고 그런 선생님이 이번에는 아이들은 칭찬합니다. 반복이지요. 아이들을 키우는 훌륭한 일을 하시는 선생님 자신이 우선은 대전제로 스트레스가 적은 안전한 상황에서 마음의 상처가 아물어야 하며, 선생님들이 자신을 탓하는 일이 없도록, 저 스스로 힘이 될 수 있으면 좋겠습니다.

가와카미 도모다 선생님의 말씀으로 도움받은 선생님들도 많이 계실 거라고 생각합니다. 오늘 귀중한 이야기를 해주셔서 감사합니다.

(2020년 4월 19일 수록)

도모다 아케미(友田明美)

소아정신과 의사. 의학박사. 후쿠이대학 아이들 마음의 발달연구센터 교수·센터장. 구마모토대학 의학부 의학과 수료. 동 대학 대학원 발달학 분야 준교수를 거쳐, 2011년 6월부터 재직. 후쿠이대학 의학부 부속병원 아이들 마음 진찰부장 겸임. 2009~2011년 및 2017~2019년에 일본과학기술협력사업 '뇌 연구' 분야 그룹 공동연구 일본 측 대표를 역임. 저서로 『아이의 뇌에 상처를 주는 부모』, 『부모의 뇌를 치유하면 아이의 뇌는 변한다』(NHK출판) 등이 있다.

마치며

교실의 분위기를 바꿔가고 싶은 당신에게

이 책을 집필하게 된 계기는 일상의 작은 위화감이었습니다.

아동학대, 노인학대, 시설에서의 장애인 학대의 뉴스가 미디어를 떠들썩하게 하는 가운데, 학교는 어떨까?

일반적으로 학교는 가정에서 벌어지는 학대를 조기에 발견하고 신고하는 측으로 인식되고 있지만, 교내에서 볼 수 있는 광경이나 교무실에서 펼쳐지는 대화는 과연 전혀 문제없다고 단언할 수 있을까?

아이들을 위축시키는 고압적인 행위와 인격을 부정하는 것 같은 꾸짖음, 그리고 '이제 됐어, 잘 가' 등의 방치하는 말에 이르기까지, 모든 교육행위가 '지도이기 때문'에 허용되어도 괜찮은 것일까?

이러한 물음의 연장선상에 '교실 멀트리트먼트'가 있습니다. 미국에서도 '교실에서의 감정적인 멀트리트먼트'(Emotional maltreatment in the classroom)이 논문의 주제로 채택되고 있음을 알 수 있고, 지금이야말로 일본에서도 본격적인 논의를 진행할 수 있지 않을까 하고 생각했습니다.

이 책은 '기법'이나 'How to' 등의 방법론 소개를 목표로 한 것이 아닙니다. 또 '이렇게 하면 교실 멀트리트먼트는 반드시 없앨 수 있어요'와 같은 매뉴얼 책도 아닙니다. 더 말하면, 흔히 있는 내부 고발서와도 다릅니다.

그러면 재차 '이 책의 정체는 무엇인가?'라고 묻는다면, '교육 현장을 내려다본 후, 교실 멀트리트먼트가 일본 교육계의 구조적인 문제로부터 만들어지고 있다는 것을 지적하고, 또 그 배경에는 교사의 불안이 잠재하고 있다는 것을 이해하기 위한 기본적인 틀'이라고 해야 할 것 같습니다.

특히, 교실 멀트리트먼트의 예방과 개선을 위한 구체적인 방안에 대해서는 어쨌든 현장 수준에서 할 수 있는 일에 집중했습니다. 이 책이 계기가 되어 일상의 지도 상황 하나하나를 다시 돌아보는 데 도움이 되면 좋겠습니다.

이 책은 많은 분의 도움으로 여기까지 올 수 있었습니다.

후쿠이대학의 도모다 아케미 선생님께는 뻔뻔스럽게 대담 기획을 부탁드렸습니다. 바쁘신 중에도 흔쾌히 허락해주셔서 많은 시사점을 받을 수 있었습니다. 이 자리를 빌려 감사를 전합니다.

도모다 선생님과의 대담 중에 특수학교 교사의 멀트리트먼트 연구의 제1인자이신 도바시 게이코 선생님을 소개받았습니다. 도바시 선생님께서는 갑작스러운 부탁에도 책의 집필 의도를 이해해주시고 귀중한 논문도 보내주셨습니다. 정말 감사했습니다.

이 책의 집필 이야기를 들려주신 도요칸 출판사의 가와이 마이 씨에게도 감사의 뜻을 표하고 싶습니다. 구상 단계에서 책이 되기까지 3년이라는 시간이 걸렸지만, 그동안 계속 끈기 있게 격려해주셨습니다. 저의 펜이 느린 나머지 많은 분께 폐를 끼쳤지만, 그만큼 심도 있는 내용으로 만들 수 있었습니다.

그리고 이 책을 찾아주신 독자 여러분께 감사드립니다. 분명 평소에 여러 가지 생각을 가지고 계셨을 거라 생각합니다. '이대로의 학교로 괜찮은가?'라는 물음에 대해서 이 책이 조금이라도 도움이 된다면 기쁘기 그지없을 것 같습니다. 그리고 가까이에 교실의 분위기를 바꾸고 싶어 하는 사람이 있다면, 살짝 건네주시기 바랍니다. 마지막까지 함께해주셔서 정말 감사합니다.

교사 오륜

서두르지 마라.
으스대지 마라.
고개를 떨구지 마라.
미소를 잊지 마라.
게으르지 마라.

2022년 1월
가와카미 야스노리

인용 및 참고문헌

1장

- WHO 웹사이트 http://www.who.int/news-room/fact-sheets/detail/child-maltreatment. Child maltreatment 페이지의 설명을 필자 해석함. 원문 은 "Child maltreatment is the abuse and neglect that occurs to children under 18 years of age. It includes all types of physical and/or emotional ill-treatment, sexual abuse, neglect, negligence and commercial or other exploitation, which results in actual or potential harm to the child's health, survival, development or dignity in the context of a relationship of responsibility, trust or power."
- 오노 무쓰히토(大野睦仁), 「대화의 장을 의도적으로 만들어 동반자로 다가가 자」, 『교육기술 소1소2』, 2020년 1월호, 쇼가쿠칸, p39-42
- 가와카미 야스노리(川上康則), 「배경을 알다」, 아베 토시히코(阿部利彦) · 아 카사카 신지(赤坂真二) · 가와카미 야스노리 · 마쓰히사 마나미(松久眞実) 저술 『인적환경의 유니버설 디자인 : 아이가 안심할 수 있는 교실 만들기』, 도요칸출판사, 2019년, p71-79
- 가와카미 야스노리, 「『교실 멀트리트먼트』를 만드는 교사의 압박」 메이지 도서 ONLINE 『교육zine ~ 내일의 교육을 창조하는 사람들의 웹매거진 ~』 내 기사, 2020년 3월 25일 http://www.meijitosho.co.jp/sp/eduzine/ guide/?id=20200169
- 시노하라 이쿠코(篠原郁子) 「사회적 참조행동과 정동」 · 엔도 토시히코(遠藤

郁彦) · 이시이 유카코(石井佑可子) · 사쿠마 미치코(佐久間路子) 편저 『잘 아는 정동발달』, 미네르바, 2014년, p154-155

- 도바시 케이코(土橋圭子) 「특수교육과 장애아의 인권」 미야모토 신야(宮本信也) · 이시즈카 켄지(石塚謙二) · 이시가와 준(石川准) · 도비마츠 요시코(飛松好子) · 노자와 카즈히로(野澤和弘) · 오니시 노부히데(大西延英) 감수, 도바시 케이코 · 가와시마 시호(川島志保) · 곤노 마사요시(今野正良) · 와타나베 케이치로(渡邊慶一郎) 편저 『개정판 특수교육의 기초 : 확실한 지원이 가능한 교사 · 보육사가 되기 위해』, 도쿄서적, 2017년, p68-74

- 도바시 게이코, 「멀트리트먼트와 교육학대가 있는 성장환경과 교육환경, 그 세대 간 전달이 아이의 마음과 뇌에 미치는 영향」, 신코교역(주)이쇼출판부, 『페인 클리닉』 vol.40, No.12, 2019년, p1615-1623

- 나카노 노부코(中野信子), 『사람은 '왕따'를 멈출 수 없다』, 쇼가쿠칸, 2017년, p46-55

- 니와야미 카즈키(庭山和貴), 「중학교 교사의 언어칭찬의 증가가 학생지도의 문제발생률에 미치는 효과 – 학년 규모의 긍정적인 행동지원에 의한 분제행동예방-」 일반사단법인 일본교육심리학회 『교육심리학연구』 제68권, 2020년, p79-93

- 마사자와 다카시(増沢高), 「아동학대의 대응과 아동 지원」 일본임상발달심리사회 치바지부 연구회 (2019년 5월 12일) 자료

- 미즈시마 사카에(水島栄) · 도모다 아케미 「멀트리트먼트를 받은 아이의 생물학적 연구 : 임상응용의 가능성과 리질리언스를 위한 지원」, 『마음의 과학』 198호, 2018년 3월호, 일본평론사, p31-37

- 미야모토 신야(宮本信也), 『애착장애란 무엇인가 : 부모와 아이의 마음의 연결에서 생각하다』, 카나가와 LD협회 · 임파워먼트연구소, 2020년

- 이와타 마코토(岩田誠) 감수, 『사상최강 컬러도해 프로가 가르쳐주는 뇌의 모든 것을 알 수 있는 책 : 뇌의 구조와 기능, 감각의 구조부터, 뇌과학의 최전선까지』, 나쓰메샤, 2011년, p138-139
- 오쿠다 켄지(奥田健次), 『메리트의 법칙 : 행동분석학 · 실천편』, 슈에샤, 2012년, p84-45
- 가와카미 야스노리, 『발달장애가 있는 아이를 빛내는 법 : 라이브 강의 : 일반 학급의 특수교육』, 메이지 도서출판, 2018년, p60-63
- 가와카미 야스노리, 「학교 현장에서의 교육 멀트리트먼트를 막기 위해서는」 학연교육미라이 『월간 실천 장애아 교육』(연재)「포괄적인 교육시대의 아동 이해 교사로서 어떻게 배울까 시즌2 실천편 제6회』, 2019년 10월호, p30-33
- 가와무라 코키(川村光毅), 「편도체의 구성과 기능」 http://www.actioforma.net/kokikawa/kokikawa/amigdala/amigdala.html(2022년 4월 7일 최종 액세스)
- 캐서린 콜린 외 저, 고스다 켄(小須田健) 번역, 『심리학 대도감』, 산세이도, 2013년, p162
- 쓰키미소우(月見草), 「트라우마(PTSD)와 플래시백을 극복하는 방법」, 구모리노치하레 미디어(hare-media.com) 내 기사, 2018년 2월 9일, http://hare-media.com/2555/(2020년 4월 7일 최종 액세스)
- 도모다 아케미, 『아이의 뇌에 상처입히는 부모』, NHK출판, 2017년
- 도모다 아케미 · 후지사와 레이코(藤澤玲子), 『학대가 뇌를 바꾼다 : 뇌과학자의 메시지』, 신요샤, 2018년, p3-4
- 도모다 아케미, 『뇌를 손상시키지 않는 육아 만화로 완벽히 안다』, 가와데소보신샤, 2019년a, p28-29
- 도모다 아케미, 『사실 위험하다! 그 육아가 아이의 뇌를 변형시킨다 : 칭찬으로 뇌는 자란다』, PHP연구소, 2019년b

- 도모다 아케미, 「학대 가능성이 있는 아이와의 관계방법 : 뇌과학의 최신지식으로 배우는 힌트」『교육기술 소1소2』, 2019년 7·8월호, 쇼가쿠칸, 2019년c, p24-26
- 도모다 아케미, 『부모의 뇌를 치유하면 아이의 뇌는 변한다』, NHK출판, 2019년d
- 니시다 야스코(西田泰子)·나카가키 마사미치(中垣真路)·이치하라 마키(市原眞記), 『쉽게 흥분하는 아이에게는 애착과 트라우마의 문제가 있을지도 : 교육·보육·복지 현장에서의 대응과 이해의 힌트』, 도미소보, 2017년, p60-63
- 하야시 후미토시(林文俊), 「부정편향」 나카지마 요시아키(中島義明), 안도 키요시(安藤清志), 고야스 마스오(子安增生) 외 편저 『심리학사전』, 유히카쿠, 1999년, p671

3장

- 우에무라 젠타로(植村善太郎)·마쓰오카 케이코(松岡恵子), 「보육에서 멀트리트먼트와 관련된 조직요인의 탐색」『후쿠오카교육대학회보』, 제69호 제4권, 2020년, p9-15
- 가와카미 야스노리, 「잘못된 지도를 예방하기 위한 압력 조정」 학연교육미라이 『월간 실천장애아교육』(연재 「포괄적인 교육시대의 아동 이해 교사로서 어떻게 배울까 시즌2 실천편 제8회」, 2019년 12월호, p28-31)
- 가와카미 야스노리, 「지식과 시각을 가진 교사는 현장을 바꾸는 계기가 된다」 학연교육미라이 『월간 실천장애아교육』(연재 「포괄적인 교육시대의 아동 이해 교사로서 어떻게 배울까 시즌2 실천편 제9회」, 2019년 1월호, p28-31)
- 가와카미 야스노리, 『아이의 마음을 받아들이는 방법 : 발달장애가 있는 아

이를 키우는 힌트』, 미쓰무라도서출판, 2020년, p87-88, p112-113

- 가와카미 야스노리, 제2회 '아이들을 빛나게 하는' 비결, NPO법인 전국초등 교육연구회(JEES) 『wutan』 vol.47, 2020년도 3학기호, p15
- 가와카미 야스노리 「발달장애아와의 연결방식」 쓰쿠바대학 부속초등학교 · 일반사단법인초등교육연구회 『교육연구』 No.1433, 2021년 7월호, p32-35
- 고마쓰 이쿠오(小松郁夫), 「학급경영을 둘러싼 문제 현상과 그 대응 - 관계자 간의 신뢰와 연계에 의한 매력 있는 학교 만들기-」 국립교육연구소 「국립교육연구소홍보 제124호」 2000년 1월
- 다가 이치로(多賀一郎), 『히든 커리큘럼 입문 : 학급붕괴를 막는 보이지 않는 교육력』, 메이지도서출판, 2014년, p26-27
- 다가 이치로 · 도마노 잇토쿠(苫野一德), 『계속 묻는 교사 : 교육의 철학×교사의 철학』, 가쿠지출판, 2017년, p16-32
- 다와라하라 마사히토(俵原正仁), 『붕괴 플래그를 간파하라! : 반드시 잘되는 교실을 만드는 법』, 가쿠요쇼보, 2019년, p14-25
- 쓰지 카즈히로(辻和洋) · 초시 다이스케(町支大祐) 편저 · 나카하라 준(中原淳) 감수, 『데이터로 생각하는 교사의 근무 방식 입문』, 마이니치신문출판, 2019년, p42-43
- 독립행정법인 노동정책연구 · 연수기구 「제3장 일이나 직장의 상황과 스트레스 반응」 노동정책연구보고서 No.147 『중소기업의 인재 채용과 정착 - 사람이 모이는 구인, 살아있는 직장 / 아이 트래킹, HMR 체크리스트 외에서』, 2012년, p263-294
- 마에야 쓰요시(前屋毅), 『블랙화하는 학교 : 저출산 시대인데, 선생님은 왜 바빠졌나?』, 세이슌출판사, 2017년, p185-187
- 마쓰오 준(松尾順), 「근무환경과 스트레스의 밀접한 상관관계 ∼ 높은 스트레스에도 건강한 직장을 만드는 법」, 세미나정보.com 내 칼럼 http://www.seminarjyoho.com/article/setsuyaku/4494(2022년 4월 7일 최종 액세스)

- 아카사카 신지(赤坂真二), 『칭찬하다 혼내다 교사의 사고방식과 기술 : 무엇을 위해 · 무엇을 보고 · 어떻게』, 혼노모리출판, 2013년, p23-26
- 아사히나 나오(朝比奈なを), 『교원이란 일 : 왜 블랙화한 것인가』, 아사히신문출판, 2020년, p69-91
- 이시게 미도리(石毛みどり), 「학습성 무력감」 · 무토 타카시(無藤隆) · 모리 토시아키(森敏昭) · 이케가미 토모코(池上知子) · 후쿠마루 유카(福丸由佳) 편, 『잘 아는 심리학』, 미네르바, 2009년, p234-235
- 오자와 타케토시(小澤竹俊), 『부러지지 않는 마음을 기르는 생명의 수업』, KADOKAWA, 2019년, p77
- 가와카미 야스노리, 『발달장애에서 해독하는 지원 접근 방식』, 가쿠엔샤, 2010년, p49
- 가와카미 야스노리, 『일반 학급의 특수교육 라이브 강의 발달장애가 있는 아이를 빛나게 하는 법』, 메이지 도서, 2018년, p56-59
- 가와카미 야스노리, 「만화로 배우는 걱정되는 아이 기르는 접근법」 쇼가쿠칸, 『교육기술 소1소2』, 2019년 4월호, p73-76
- 가와카미 야스노리, 「배경을 알다」, 아베 토시히코(阿部利彦) · 아카사카 신지 · 가와카미 야스노리 · 마쓰히사 마나미(松久眞実) 저술, 『인적환경의 유니버설 디자인 : 아이들이 안심할 수 있는 학급 만들기』, 도요칸출판사, 2019년, p80-82
- 가와카미 야스노리 감수, 『발달이 염려되는 아이의 몸의 움직임 구조와 트레이닝』, 나쓰메사, 2021년, p10-11
- 가와카미 야스노리, 「어른에 의한 가치기준 강요 - 프로크루스테스의 침대」 (연재 『어린이 이해의 『거기 큰일났다!』 제5회」), 미쓰무라도서출판 HP 내 『미쓰무라 web magazine』, 2021년 9월 9일
  http://www.mitsumara-tosho.co.jp/webmaga/kodomo_rikai/detail05.html

- 가와카미 야스노리, 제3회 '아이들을 빛나게 하는' 비결, NPO법인전국초등 교육연구회(JEES) 『wutan』 vol.48, 2021년도 1학기호, p15
- 김대룡, 『걱정되는 아이, 괴로워하는 아이 키우는 법 : 개개인의 불균형에 다 가서다』, 쇼가쿠칸, 2016년, p24
- 기무라 준(木村順), 『키우기 어려운 아이는 사정이 있다 : 감각통합이 가르쳐 준 것』, 오쓰키서점, 2006년, p91-99
- 캐서린 콜린 외 저술, 고스다 켄(小須田健) 역, 『심리학 대도감』, 산세이도, 2013년, p265
- 다무라 마나부(田村学) · 가쓰라 사토시(桂聖) · 가와카미 야스노리 「좌담회 다양하기 때문에 배움이 깊어진다 – 학급 전원의 '깊은 배움'이란」 가쓰라 사토시 · 이시즈카 켄지 · 히로세 유미코(廣瀬由美子) · 고누키 사토루(小貫 悟) · 일본수업UD학회 편저 『수업의 유니버설 디자인 Vol.11』, 도요칸출판사, 2018년, p34-47
- 도쿄도 초등학교 학급경영연구회 '칼럼 7. 아이의 견해 · 사고방식의 개혁 을!', 『학년 · 학급경영 핸드북 제4판』, 2010년, p85
- 미야구치 코지(宮口幸治), 『케이크를 자르지 못하는 아이들』, 신초샤, 2019년
- 야마다 요이치(山田洋一), 『아이의 미소를 되찾다! '어려운 학급' 회복 가이 드』, 메이지도서출판, 2019년, p18-19
- 와타나베 미치하루(渡辺道治) 저술, 포레스터넷 기획 · 편집, 『학습지도의 '보조 편차'를 극복하다』, 2021년, 가쿠슈출판

5장

- 아카사카 신지, 『학급경영대전』, 메이지도서출판, 2020년, p10-16
- 이시카와 나오코(石川尚子), 『해보자! 코칭 : 8가지의 기술로 아이의 의욕을

끌어내다』, 혼노모리출판, 2009년

- 우사가와 히로시(宇佐川浩), 『장애아의 발달임상과 그 과제 : 감각과 운동의 고차원의 시점에서』, 가쿠엔샤, 1998년, p209-259

- 오하라 켄스케(大原健佑), 『『알고 있다』라는 첫걸음! 기술에 우뚝 솟은 5개의 벽!』「중소기업×제조업」전문GEMBA 컨설팅(manahibi.com) 내 기사, 2021년 3월 29일

  http://manahibi.com/five-walls-towering-over-your-skills-3562. html(2022년 4월 7일 최종 액세스)

- 오기우에 치키(荻上チキ), 『왕따를 만드는 교실 : 아이를 지키기 위해 알아두고 싶은 데이터와 지식』, PHP연구소, 2018년, p122-124

- 가게 마사하루(鹿毛雅治), 『아이의 모습에서 배우는 교사 : '배우려는 의욕'과 '교육적 순간'』, 교육출판, 2007년, p3

- 가쓰라 사토시, 『다양성이 있는 배움』을 지탱하는 국어 수업의 퍼실리테이션력, 가쓰라 사토시·이시즈카 켄지·히로세 유미코·일본수업UD학회 편저, 『수업의 유니버설 디자인 Vol.9』, 도요칸출판사, 2017년, p30-31

- 가와카미 야스노리 편, 우치야마 토키오(内山登紀夫) 감수, 『일반 학급에서 할 수 있는 발달장애아의 학습지원』(특수교육이 알 수 있는 책②), 미네르바, 2015년, p17

- 가와카미 야스노리 「걱정되는 아이가 액티브 러닝으로 충분히 배우기 위해서」 가쓰라 사토시·이시즈카 켄지·히로세 유미코·고누키 사토루·일본수업UD학회 편저 『수업의 유니버설 디자인 - 교과교육에 특수교육의 시점을 도입하다 Vol.9』, 도요칸출판사, 2017년, p32-33

- 가와카미 야스노리 「배경을 알다」, 아베 토시히코·아카사카 신지·가와카미 야스노리·마쓰히사 마나미 저술 『인적환경의 유니버설 디자인 : 아이들이 안심할 수 있는 학급 만들기』, 도요칸출판사, 2019년, p71-79·91-98

- 가와카미 야스노리 「스스로 자라는 "학습자체질"을 기르려면」 학연교육미라이 『월간 실천 장애아 교육』(연재)「포괄적인 교육시대의 아동 이해 교사로

서 어떻게 배울까 시즌2 실천편 제10회」 2020년 2월호, p34-37

- 사도시마 요헤이(佐渡島庸平), 『WE ARE LONELY. BUT NOT ALONE : 현대의 고독과 유지 가능한 경제권으로서의 커뮤니티』, 겐토샤, 2018년, p149
- 시라마쓰 사토시(白松賢), 『학급경영의 교과서』, 도요칸출판사, 2017년, p114-128
- 세이야마 타카오(盛山隆雄) · 가와카미 야스노리, 「수학수업의 유니버설 디자인을 생각하다 공개수업 2학년 빈칸 채우기 계산(단원 덧셈)」 수업의 유니버설 디자인연구회 · 가쓰라 사토시 · 이시즈카 켄지 편저 『수업의 유니버설 디자인 Vol.6』 도요칸출판사, 2013년, p55-67
- 세이야마 타카오, 『사고와 표현이 깊어지는 수학의 발문 : 신규 발문과 반문 발문으로 아이가 깨닫고 생각하다!』, 도요칸출판사, 2021년
- 다나카 히로시(田中博史), 『교사에게도 순발력 · 대응력이 필요합니다』, 도요칸출판사, 2018년
- 다나카 히로시, 『아이가 발언하고 싶어진다! 대화의 기술』, 가쿠요쇼보, 2019년
- 다와라하라 마사히토, 『이런 곳에 비밀이 있었다! 교실&수업이 즐거워지는 진짜 이유』, 메이지도서출판, 2014년, p14-15
- 니아야마 카즈키(庭山和貴), 「중학교 교사의 언어칭찬의 증가가 학생지도의 문제발생률에 미치는 효과 – 학년규모의 긍정적인 행동지원에 의한 문제행동예방–」, 일반사단법인 일본교육심리학회 『교육심리학연구』 제68권, 2020년, p79-93
- 노구치 요시히로(野口芳宏), 『명저 복각 학급 만들기로 단련하다』, 메이지도서출판, 2015년, p151-152
- 호리 히로쓰구(堀裕嗣), 『교실 퍼실리테이션 10가지 아이템 · 100가지 스텝 : 수업 참가의욕이 극적으로 오르는 110가지 방법』, 가쿠지출판, 2012년, p3-5
- 미나미 케이스케(南惠介), 『칭찬하는 포인트, 혼내는 룰, 있는 그대로를 인정하는 마음가짐 : 아이의 마음을 잡다! 지도기술』, 메이지도서출판, 2017년,

p13-14 · 94

- 야마다 요이치, 『아이의 미소를 되찾다! 어려운 학급 회복 가이드』, 메이지도 서출판, 2019년, p23
- 야마모토 요시카즈(山本良和), 「2010년 5월 정례연구회 야마모토 요시카즈 선생 워크숍 모두가 '아는 · 할 수 있는' 수학 수업이란?」 수업의 유니버설 디자인연구회 · 가쓰라 사토시 · 이시즈카 켄지 편저 『수업의 유니버설 디자인 Vol.3』 도요칸출판사, 2011년, p26-31

6장

- 우치다 료(内田良) · 사이토 히데미(斉藤ひでみ) · 시마사키 치카라(嶋崎量) · 후쿠시마 나오코(福島尚子) 『#교사의 배턴이라는 것은 뭘까 : 교사의 발신과 학교의 미래』, 이와바쇼보, 2021년, p14-16
- 가와카미 야스노리 「애착장애」 일반사단법인 일본수업UD학회론, 고누키 사토루 · 가와카미 야스노리 · 아카사카 신지 편저 『텍스트북 수업의 유니버설 디자인 특수교육 · 학급경영』, 2020년, p108-109
- 데이비드 그레이버 저술, 사카이 타카시(酒井隆史) · 하가 타쓰히코(芳賀達彦) · 모리타 카즈키(森田和樹) 역, 『불쉿잡 : 쓰레기 같은 쓸모없는 일의 이론』, 이와나미서점, 2020년, p49-98
- 사쿠라이 시게오(櫻井茂男) · 하마구치 요시카즈(濱口佳和) · 무카이 타카요(向井隆代), 『아이의 마음 : 아동심리학 입문 개편』, 유히카쿠, 2014년, p173-176
- 하하키기 호세(箒木蓬生), 『부정적인 수용능력 : 답이 나오지 않는 사태에 견디는 힘』, 아사히신문출판, 2017년, p3-10
- 마쓰모토 토시히코(松本俊彦) 편집, 『'도와줘'라고 말할 수 없다 : SOS를 외

치지 않는 사람을 어떻게 도울 수 있는가?」

• 미즈노 리에(水野里恵), 『공인심리사 베이직 강좌 발달심리학』, 코단샤, 2021년, p74-75

• 마이클 루이스, 다카하시 케이코(高橋惠子) 편저, 감역 『애착에서 소셜 네트워크로 : 발달심리학의 신전개』, 신요샤, 2007년, p10-11,189-194